Les talons rouges

Antoine de Baecque

Les talons rouges

roman

Stock

Couverture Judith Meyerson
Portrait de l'auteur : © Jean-François Paga

ISBN 978-2-234-07887-1

« Il faut toujours se méfier des talons rouges, ces fripons prostitués à la cour. »

Camille Desmoulins,
Les Révolutions de France et de Brabant,
14 octobre 1791

J'ai emporté Michelet, Taine, Calmet, Goethe, Lewis, Anatole France, pour une traversée hantée de la Révolution française. Longtemps, je n'ai pas su si j'allais parvenir à écrire ce roman et si je pourrais te le dédier.
Et puis si.
Il est à toi.

… Et à Nicolas,
ce film que tu tourneras.

I

La danse des talons rouges

Les pierres de taille de l'hôtel de Villemort viennent de loin. On les dit aussi vieilles que le quartier parisien, à l'angle de la rue de la Couture-Sainte-Catherine et de la rue des Francs-Bourgeois, ce Marais aux multiples demeures aristocratiques. Elles ont été arrachées au calcaire du Luberon dans la carrière de la Roche d'Espeil, acheminées par de robustes charolais médiévaux. La bâtisse n'a pas la finesse de ses voisines ; elle est austère, monumentale, traditionnelle, campée là pour des siècles, peu éclairée, et sa porte en bois barrée d'une lourde plinthe de fer forgé demeure depuis toujours peu accueillante. Devant cet imposant hôtel particulier, dans le crépuscule du début de l'été, la rue est vide et calme.

À l'intérieur, dans un salon de réception aux vastes proportions, règne au contraire une certaine effervescence. On y parvient par un escalier de quelques marches de marbre blanc, entrée théâtrale découvrant un décor habillé de boiseries et sculptures dorées, de miroirs aux ferronneries travaillées et de lustres en cristal. Au fond, la pièce se boucle par une cheminée de marbre rose encadrée par sa tapisserie d'Aubusson. Une série de tentures écarlates obstrue les fenêtres. Pendu au plafond central brille un grand lustre en verre de Murano aux couleurs miroitantes. Un peuple de domestiques en livrée gris pâle s'agite. Une table d'une cinquantaine de couverts a été dressée pour un dîner de famille. Les verres et les coupes, en cristal de Hongrie et en porcelaine fine sertie de diamants, portent sur leur pied les armes de la maison, une salamandre levée surmontée de deux crocs de loup.

Rituellement, le 7 juin, tous les dix ans, les Villemort se regroupent à Paris. La date de ces cérémonies de retrouvailles a été arrêtée à la naissance du fondateur de la lignée, l'ancêtre Henry de Villemort, le 7 juin 1569. Le rite s'est reproduit une vingtaine de fois, chaque décennie, sans que personne ait l'idée de remettre en cause le moindre détail d'un déroulement réglé.

Avant de pénétrer dans la salle de réception, les convives attendent dehors. Henry de Villemort lui-même reçoit dans le jardin clos, devant le perron, sous une épaisse tonnelle de vigne vierge, les membres du clan au fur et à mesure qu'ils parviennent à destination. Beaucoup sont parisiens, ou versaillais ; certains viennent du Dauphiné, de Catalogne, de Hongrie, voire des Antilles et d'Amérique du Nord. Avec sa peau de parchemin, son long visage livide, son dos courbé, ses mains fines prolongeant des membres qui ne le sont pas moins, Henry de Villemort, auquel il est difficile de donner un âge, cintré dans un habit noir, conserve une prestance singulière. Il porte l'effroi des morts, la rigueur de l'extrême sagesse et la douceur délicate d'une civilisation parvenue à son plus haut degré d'accomplissement.

L'allocution de bienvenue est courte, immuable au fil des siècles. Il est question de la primauté de la race, du sang bleu, des dangers de l'abâtardissement, de la défense des privilèges nobiliaires et de l'ordre divin, ce qu'incarne aux yeux de la famille l'harmonie régnant au château de Villemort, qui n'a pas même été troublée par les disettes et les jacqueries récentes. Le patriarche à la pâleur cadavérique confie bientôt, avec courtoisie, un petit mot à chacun des visages inédits, qui remercient aussitôt d'une approbation appuyée.

Les domestiques passent au milieu des invités pour leur proposer des boissons et des petits pots de glace. Les convives s'arment de patience, car les langues ont du mal à se délier, y compris à propos des affaires du temps. L'exubérance n'est pas l'invitée principale, pas plus que les bavardages, même de famille, ni les persiflages, même amusants. Les Villemort sont souvent tristes et sérieux, et la tradition lignagère veut que la famille vive regroupée sur elle-même – les mariages et les alliances s'y pratiquent surtout entre cousins. En ce 7 juin 1789, l'atmosphère est cependant plus dissipée que d'habitude. Les invités sont plus nombreux, essentiellement des hommes, même si quelques femmes font banquette. On distingue tous les âges, de la jeunesse à l'extrême vieillesse.

Dans le salon de réception, autour de la grande table, s'affaire en arabesques savantes et étudiées un service complet de domestiques. On boit et on mange avec distinction. De nombreuses langues se font entendre, par éclats, l'espagnol, l'anglais, l'allemand, le hongrois, que domine le français. Les vins et les liqueurs sont prodigués en abondance. On porte à la santé des Villemort, mais aussi du roi, de la reine, du dauphin. Quelqu'un, timidement, propose à celle de la Nation, mais personne ne veut entendre.

Les entrées se composent de petits pâtés à la Balaquine, de filets de lapereaux à la genevoise, puis de filets mignons de mouton sauce piquante, accompagnés d'un haricot velouté brun. Suivent une pièce de bœuf à l'écarlate, un aloyau émincé à la chicorée, quelques poules de Caux à l'oignon cru, pourvus d'artichauts à la Baligoure, de cardes à l'essence et de choux-fleurs au parmesan.

À l'entremets, un ragoût mêlé de profiteroles de chocolat sur crème à l'infusion de café, des femmes arrivent, se déplaçant en meute de dentelles sombres, et s'immiscent en groupe au milieu des mâles assemblés. Se tiennent là un certain nombre d'officiers, commandant des régiments aux noms anciens ou ridicules, le Royal-Cravate, le Salis-Samade, les hussards de Bercheny, le Nassau... Ils arborent les couleurs éclatantes de leur corps, et cela offre un fort contraste avec les habits noirs des plus anciens, pastel des domestiques, comme avec les robes souvent obscures de la gent féminine. À la fin du repas, les demoiselles s'enhardissent à recevoir le serment de ces chevaliers immémoriaux, et certaines se laissent baiser la main.

Soudain, les portes de la salle à manger s'ouvrent. Apparaît un dernier convive, accompagné de son jeune neveu. Entourés de leurs gens, ils sont largement en retard, tandis que les desserts vont chasser les fromages. William de Villemort, l'air las, l'habit crotté, portant une large balafre au bas de la joue gauche, fait une entrée tonitruante, suivi de Louis de Villemort, sanglé dans un habit noir. Henry se lève et les accueille, même s'il commence par leur faire part de sa réprobation face au trouble provoqué par cette arrivée remarquable. Le brouhaha des conversations particulières a cessé. William parle plus haut que les autres, et en anglais, du moins avec une partie des gens qui, autour de lui, sont entrés, légèrement en retrait, d'un même pas vif. Il est difficile de lui donner un âge, mais ses cheveux, en bataille et non poudrés, sont restés d'un noir d'ébène. Les nouveaux venus détonnent par leur allure, leurs apostrophes ou leurs manières du Nouveau Monde, peu respectueuses des rites anciens, moins hiérarchisées, plus directes, osant des croisements et des audaces que la vieille France n'imaginerait pas. Il se dégage de William de Villemort quelque chose de sulfureux, mais également de prestigieux. Il semble aussi craint que respecté. Derrière lui, Louis, âgé de vingt-cinq ans, possède une beauté fascinante. La petite tribu qui les entoure attire l'attention par un magnétisme sensuel. Pour la plupart, ces hommes, bien mis et bien faits, possèdent l'éclat vif-argent d'une jeunesse à qui tout devrait appartenir. Sobrement vêtus, ténébreux, acerbes. Cette irruption produit un suggestif contraste avec les vieux baroques apprêtés qui reçoivent. Parmi ces jansénistes qui déboulent figure un homme de peau noire, à l'élégance retenue. Les convives du début de repas, craintifs, ont fait un vide dont les nouveaux s'emparent, prenant place autour de la table. Ils parlent français parfaitement, parfois piqué de certains mots anglais, plus crus, presque aboyés.

Plus tard dans la soirée, dans un salon plus restreint, décoré moins luxueusement, quelques hommes se réunissent autour de liqueurs. Ils sont assis en cercle, une vingtaine, dont William et son neveu Louis. Ils évoquent les événements politiques récents, particulièrement le ralliement de certains nobles à l'assemblée du tiers état, au cours des états généraux du royaume réunis par le roi, à Versailles. Certains noms de ces aristocrates tôt ralliés, Mirabeau, La Fayette, d'Aiguillon, sèment le trouble et divisent fortement les présents. Fébriles, agités, ils discutent nerveusement, contradictoirement. Car la question de la réunion des ordres contient toutes les autres. L'ordre du tiers, déjà double de nombre, peut y gagner la voix de cinquante nobles et d'une centaine de curés, et par conséquent dominer les deux autres d'une majorité énorme. « Le privilège jugé par ceux contre qui il fut établi ! » laisse tomber comme une sentence capitale Henry de Villemort, y voyant le comble d'un immaîtrisable chaos. « Les états sont ouverts, réplique William de Villemort, il n'y a plus de député d'ordre ou de province, plus d'intérêts ou de privilèges particuliers à défendre, mais uniquement des représentants de la nation. » Au seul mot de nation, bien des figures antiques frémissent ; et plus encore lorsque Louis assène, caustique, conforté par son oncle William : « Les députés du privilège gagnent en se dépossédant eux-mêmes de ces vieilleries, leurs fonctions en sont agrandies quand leurs titres en sont raccourcis ! » Lui-même a déjà donné l'exemple en renonçant à sa particule. Il se fait désormais nommer Louis Villemort, « Villemort tout court ». Henry de Villemort abrège ce dialogue qui s'esquisse à peine et n'aboutira jamais, lâchant un lapidaire : « Le roi jugera. »

Au milieu de la nuit, dans une salle d'apparat de l'hôtel particulier, une danse se prolonge puis s'achève. Une quarantaine de jeunes gens, dont certains ou certaines ne sont venus que pour cela, rejoignant les Villemort depuis les demeures patriciennes du cœur de Paris, sont pris dans les soubresauts d'une fête. William de Villemort, qui observe son neveu Louis absorbé dans les arabesques rapides, de plus en plus rapides, d'un quadrille excentrique qui vire au chahut, murmure : « Et quand ils se mirent à danser, leurs gestes frénétiques écartèrent le malheur. Quand ce fut la fin des danses, et malgré leurs idoles, les ténèbres étaient sur eux. *Tenebrae factae sunt…* » Les jeunes gens parviennent à mettre en pas et en rythme la fureur de cette manie dansolâtre, relevant de ce que les chroniqueurs des nuits du Palais-Royal nomment depuis quelques mois la « danse des cavaliers solitaires ». Pour l'une des premières fois, en effet, et contrairement aux danses de la cour versaillaise, les danseurs bougent pour eux-mêmes et non en fonction des autres, même s'ils se regardent et peuvent s'activer en rythme. Les règles des rituels anciens, des cérémonies courtisanes, ont volé en éclats. Chez les hommes, les perruques ont également sauté et les cheveux sont ras ou, au contraire, ils ont poussé. Sur le visage des femmes, encore surmonté le plus souvent d'un amas de cheveux blancs savamment bouclés, les yeux se sont parés d'un noir charbonneux.

Les bras de tous soudain se lèvent, insoucieux des indiscrétions de la bretelle tenant lieu de manche, les jambes fléchissent, bringuebalent, entraînant les regards, ces regards voleurs qui cherchent un entrebâillement espéré, mais toujours fuyant. Et, autour de la danse, une crispation incessante des yeux affole les hommes. Les femmes le savent, le sentent, le voient et, d'une même indifférente mimique, elles sourient. Suivant la progression des figures de la danse, aux provocants déhanchements des ventres succèdent les saillies lascives des seins. Alors, sur le cercle avide des hommes et des femmes, passe un égal tressaillement.

William, qui n'est guère intéressé généralement par ce qu'il nomme avec mépris les « débauches des oisifs », est pris ce soir par cette folie de danse ; et, s'il ne bouge pas, il regarde. Cette architecture où tout le monde jouit de se voir, attiré par le virus nocturne, lui présente des corps désirables, tout proches. Ces corps le laissent dans un état de flottement, mais il n'en apprécie que mieux l'énergie. Pour la première fois lors d'une danse, il n'a pas l'impression de voir un monde ancien qui s'amuse, mais un monde nouveau qui survient, pourvu d'une jeunesse et d'une envie qui virent au fanatisme. Un fanatisme ouvert, curieux, prêt à accueillir les autres dans une fraternité assumée. Regardant les silhouettes, devinant autour de lui tout un va-et-vient de jeunes gens affairés en quelques indécis circuits, il lui semble retrouver quelque chose qu'il aurait lu chez Gracián, Rabutin ou Saint-Simon, revu par l'activisme sévère d'un Caton, d'un Catulle, d'un Salluste, cette littérature républicaine qu'il apprécie infiniment, et corrige selon lui les manières courtisanes.

Comme s'il lui fallait se fondre dans la jeunesse qui fait la fête, jusqu'à ce que la nuit s'achève, William oscille entre l'envie, cette sommation de plaisir, et la sensation de demi-absence que lui procurent le mouvement et la musique d'un petit orchestre spécialement convoqué. Les instrumentistes mêlent les mélodies à la mode du moment, d'inspiration gluckiste, et leurs airs rapides de ballets-pantomimes, avec les percussions venues des Antilles, puisque deux musiciens noirs ont été ajoutés au groupe par Louis Villemort. La synthèse qui en résulte est étonnante, alliant la sophistication virtuose du quadrille au boucan d'enfer des bruits mats caraïbes.

Louis interrompt son furieux quadrille et vient s'adosser à William, auquel il confie : « La danse est aussi notre révolte contre le Vieux Monde, arme *hic et nunc.* » Pour le jeune Villemort, la danse porte une promesse : ces jeunes gens incarnent une forme de prophétie, c'est du noir de la nuit que viendra la lumière, une nuit blanche, exténuante comme une danse ininterrompue ; opaque, attirante, propice aux pièges, où se noient et s'évadent quelques corps à la frontière de l'aube ; et portée par la violence qui, seule, peut détruire l'Ancien Monde.

Sec, élégant, sans fioritures ni rubans, une chevelure de boucles blondes, Louis hurle bientôt. Les danseurs le regardent, se regardent, se sentent bouger, chanter dans les lumières des bougies, puis ils réservent une ovation à l'orchestre, qui redouble de fièvre. Les cœurs battent à l'unisson. Tous peuvent se promettre d'atteindre l'impossible. L'esprit est transgressif, provocateur, comme lié à la gravité de la situation politique, à la rhétorique de l'engagement. Le secret de la passion de Louis et de ses amis est ce pur plaisir de prolonger le présent de la nuit, malgré les corps fatigués, les organismes épuisés par le mouvement, dans l'avenir qui s'esquisse. Seule la Révolution pourra leur donner un identique sentiment d'urgence et d'épuisement, les combler pareillement de fatigue.

Une dizaine de jeunes gens quittent l'hôtel des Villemort à la fin de la nuit. La bande traverse la ville vers le quartier de la Halle, qu'elle atteint aux premières lueurs de l'aube. Les étoiles disparaissent au-dessus du vaste emplacement où se dessinent la coupole de la halle aux blés avec sa colonnade cabalistique, héritage de l'ancien observatoire de Catherine de Médicis, puis le marché à la volaille, le marché au beurre et, plus loin, la construction laissée inachevée du marché à la viande. La silhouette sombre de Saint-Eustache ferme l'horizon, avec son armature gothique partiellement éclairée par les derniers rayons de la lune. Les arcs-boutants multiples lui donnent la forme d'un cétacé prodigieux aux côtes apparentes. Le carreau des halles commence à s'animer. Les charrettes des maraîchers, des mareyeurs, des beurriers, des verduriers se croisent. Les charretiers se rafraîchissent dans quelques cafés, ouverts sur cette place toute la nuit, vers la halle aux huîtres, ou dans la rue Mauconseil adjacente. Au début de la rue Montmartre, les marchands de sangsues font face aux débitants de cidre, chez lesquels pendent en vitrine les tripes à la mode de Caen qu'on peut y déguster.

À côté du marché aux poissons, où la plus bruyante des ventes, celle à la criée, doit bientôt débuter, le groupe des Villemort côtoie le cimetière des Innocents – qui reste largement dans l'ombre avec ses formes inquiétantes –, puis passe près des abattoirs et des charniers, où les bouchers et leurs apprentis sont déjà au travail. Les multiples carcasses se dressent comme des murs mouvants de viande. Les bêtes, les vivantes comme les mortes, sont omniprésentes. Elles se répandent en troupeaux, affluent vers le marché et les abattoirs guidées par des mains assassines, incommodent par leurs odeurs et leurs bruits, et achèvent leur existence en tas sanglants triturés par les couteaux. Ces cadavres d'une ville-boucherie à ciel ouvert inspirent aux jeunes Villemort une dernière danse macabre. Le groupe se dispose en quadrille et les jeunes gens martèlent le sol de leurs talons en tournoyant sur eux-mêmes. La terre, face à la fontaine des Innocents, est rouge, colorant lors de cette ronde de l'aube les talons des souliers d'une indélébile souillure vermillon.

Eugénie de Villemort, l'une des plus jeunes, s'isole du groupe et s'éloigne dans une ruelle, à l'écart des marchés, pour suivre les silhouettes de trois Parisiens saouls. Quand ils la voient, les hommes s'approchent, l'apostrophent, la provoquent, l'encerclent. Elle les laisse s'avancer très près d'elle, les fixant droit dans les yeux, dégrafe son habit et ouvre les pans de sa robe. Ils se regardent, la touchent, elle demeure immobile, debout, la peau et la poitrine, aux mamelons sombres, quasi noirs, comme offerts à leurs mains vulgaires. Puis elle les suit sous un porche. Ils sont excités, elle paraît si calme, si facile. Dans la cour étroite commence une discussion entre les trois hommes. Après un concert animé et virulent, quelques gestes d'une brusque violence, le plus fort prend le dessus, les deux autres s'écartent. Eugénie le suit dans une remise et ils se déshabillent rapidement.

Hypnotisé par l'éclatante blancheur de sa peau, par ses yeux limpides, l'homme regarde Eugénie, entièrement nue, venir vers lui. Il sent les lèvres sur son cou, la main sur son sexe, qui le caresse et le branle ; il se pâme, gémit quand il sent le foutre monter en lui ; puis, d'un croc, les dents blanches et froides transpercent sa peau et pénètrent sa gorge. Au moment où il jouit et où elle plante, dans le même instant exactement, ses deux incisives dans la veine, l'homme voit, dans un ultime éclair de lucidité, le visage et le haut du corps d'Eugénie se couvrir de rides, de plaques sombres, la peau s'asséchant immédiatement comme un parchemin et les cheveux prenant à toute vitesse une couleur grisâtre. La jeune femme se métamorphose soudain : elle est devenue immensément vieille, se revêtant d'une beauté flétrie, revenue de très loin, héritée des temps immémoriaux. Une beauté à laquelle seul le sang peut rendre sa jeunesse. Au petit matin, deux éplucheuses de pommes de terre retrouvent un homme allongé à terre, livide, déculotté et vidé de son sang.

William de Villemort, suivi par son neveu Louis, entre dans un club politique à Versailles, non loin de la salle des Menus Plaisirs où a lieu la vérification des pouvoirs des députés aux états généraux. Au café Amaury, à l'angle de l'avenue de Saint-Cloud et de la rue Carnot, dans le brouhaha, assis autour d'une grande table, plusieurs députés clubistes préparent l'ordre du jour de l'assemblée du lendemain. Un certain nombre de députés ont en effet pris l'habitude d'étudier et de décider là ce qu'ils votent ensuite, ce qui leur vaut le surnom de « grenadiers des états généraux ». Ces concertations préalables constituent une sorte de coutume. À l'arrivée des Villemort, la plupart s'interrompent et saluent William, qu'ils connaissent et respectent, le nommant avec emphase et une certaine ironie, car c'est reprendre un titre qui affuble déjà La Fayette, le « héros des deux mondes ». William ne se laisse pas déstabiliser et lance : « Coupons le câble, il est temps ! » Louis s'illumine, il voue à son oncle une grande admiration. Emmanuel Sieyès, qui parlait à l'entrée des Villemort, approuve, malgré l'interruption dont il vient d'être la victime. Comment l'assemblée peut-elle se remettre enfin en activité alors que, depuis plus d'un mois, elle est tenue à l'arrêt par la division des ordres ? Faut-il inviter nobles et curés à venir dans ce que Robespierre nomme la « salle commune » ? La Cour et le roi, s'inquiète une partie des présents, la moins téméraire, ne peuvent-ils pas saisir ce prétexte pour interrompre le mouvement des réformes et faire évacuer l'ensemble des députés par la force armée ?

William de Villemort reprend la parole, de sa voix décidée et coupante, et s'emporte : « L'assemblée doit ou périr ou avancer, faire un pas décisif. Elle doit envisager hardiment la situation : le droit en face du privilège, le droit de la nation concentré dans l'assemblée. Et il ne suffit pas de voir cela, il faut le voir et le dire, le dire et le promulguer en donnant à votre assemblée son vrai nom : "Assemblée nationale". » Ce titre, Sieyès l'approuve derechef. N'a-t-il pas écrit dans sa fameuse brochure, quelques semaines plus tôt : « Le tiers seul, dira-t-on, ne peut pas former les états généraux… Eh ! tant mieux, il composera une Assemblée nationale. » Villemort a lu ce texte, l'a fait lire à Louis, et y a trouvé l'inspiration du moment, que Sieyès, préoccupé par la puissance monarchique – comme englué dans l'actualité –, semble avoir perdue. Prendre ce titre est un pas hardi, c'est comme dire : *le tiers état est tout.* Certains se récrient : ne faut-il pas s'acheminer plutôt peu à peu et par degrés ?

Mirabeau intervient et, de sa voix grave, reproche à Villemort de « lancer l'assemblée dans la carrière sans lui montrer le but auquel il voudrait la conduire ». L'un propose alors, comme titre à défendre le lendemain devant l'ensemble des députés présents, pensant énoncer un fait juridique et politique impossible à contester : « Assemblée des représentants connus et vérifiés de la nation française. » Un autre, plus attaché à la tradition, essaye : « Assemblée des Communes. » Dans le grand panier des propositions, on entend encore : « Assemblée des députés présumés de la nation », et aussi : « Assemblée générale, légitime et active des représentants de la nation française », ou même : « Assemblée des représentants du peuple français. » Enfin, un prudent fort modéré suggère du bout des lèvres : « Assemblée des représentants de la majeure partie de la nation, en l'absence de la mineure partie. »

La bataille des dénominations fait rage plus d'une heure, durant laquelle William de Villemort reste étonnamment calme, parlant peu, même pas du tout, comme si son absence allait permettre au débat de s'épuiser sans lui. Sieyès s'active en coulisse, mobilisant ses partisans, attirant les hésitants, argumentant avec prudence pour ne pas effrayer les plus craintifs. Ne parlent ouvertement, et bruyamment, que les seconds couteaux, les agités, les clubistes illuminés, voire délirants. Ceux qui n'ont rien à dire. Louis lui-même se lance, s'emporte, pour défendre une motion à laquelle personne ne comprend rien, tandis qu'il proteste de sa bonne foi – ce qu'aucun auditeur ne met en cause – et jure sa fidélité à on ne sait qui. Il s'arrête net au bout de quelques minutes et, dans une cascade de bredouillements finaux, prenant conscience de son pathétique, se retire du débat. Sa tête rentre dans ses épaules, une suée fait luire son visage d'une huile de bêtise. Il se cache derrière l'autre Villemort, l'aîné, le silencieux, qui ne lui en veut guère de cet écart ridicule car la confusion ajoutée à l'incompréhensible joue dans son dessein. Louis est un futur orateur, il manque d'expérience et cela se voit, s'entend : il est jeune et n'a pas tout à fait compris l'importance du *kairos*, de l'instant décisif.

Après être passé par tous les états, s'être perdu au gré de trop nombreux chemins qui ne mènent nulle part, le club se décide à voter. L'affaire est alors vite réglée : « Assemblée nationale » sort des obscurités par sa dense simplicité, sa sonorité directe, sa marche rectiligne et incontestable. Sieyès avait inventé la formule, Villemort l'a fait entendre, la discussion achève de l'imposer en la désossant. Sèche, efficace, claquant comme un drapeau au vent, allant de front à l'aristocratie monarchique avec une netteté singulière. Tout cela est arrêté dans la nuit, affiché dans Versailles à six heures, adopté par les députés présents à midi. L'Assemblée nationale est fondée, elle vit.

Appuyé sur les buttes de Dammartin et de la Goële, se tient le petit pays de Parisis, une campagne de grands champs, de semences et de collines forestières au cœur de l'Île-de-France. Entre deux rivières aux langueurs courbes, le Rouillon et le Croult, jouxtant le Hurepoix au sud et l'Aulnoye au nord, voici, presque dissimulé en ses bois, le château des Villemort.

Le jour qui suit la prise de la Bastille, Henry de Villemort se réfugie dans cet ancien manoir, belle bâtisse édifiée peu avant sa naissance, au milieu du XVIe siècle, et souvent retouchée depuis. Voir passer, sous les fenêtres de son hôtel du Marais, les bruyants cortèges de Parisiens armés, puis les gardes françaises tirant leurs canons ; entendre les tirs et les éclats des combats, les clameurs du peuple, tout cela a constitué l'une des pires expériences de sa longue existence. Il avait certes déjà plusieurs fois assisté au déploiement de la violence des massacres, notamment durant la Fronde, mais la manière dont, cette fois, elle était accompagnée d'une joie profonde et pouvait augurer d'un projet politique le révulsait au plus intime.

Henry de Villemort a fui Paris pour retrouver son « cher pays », comme il nomme le château de sa famille et les terres environnantes. Il a toujours aimé traverser les sombres forêts de Montmorency et de Carnelle. Sa tombe s'y trouve depuis longtemps, qu'il fait nourrir avec la terre lourde et brune du Parisis. À quelques lieues de Paris, tout lui est familier depuis des dizaines et des dizaines d'années, rien n'a bougé, le champ entouré de bosquets à la lisière du bois, le lac voisin, la rivière et le lavoir, le village et sa rue qui monte, les collines de gypse et leurs touffes de genêts et de bruyères. Il y a passé des jours heureux et il aime encore souvent venir voir se coucher le soleil près de son château. Une âpre montée semée de rochers y mène, au milieu des forêts, dominant ce pays si ancien. Il connaît tous les détours inextricables, entre les pierres et les ronces, et même une route plus douce par les sentes du bois.

Ceux qui entrent dans ce château, rares, impressionnés ou familiers, avec un humble respect ou de longues habitudes, le font par le vestibule d'honneur, de style palladien, avec ses colonnes centrales qui soutiennent la salle à manger du premier étage. Henry de Villemort n'est pas étranger à la conception d'un ensemble qui se distingue par l'ampleur de la rampe d'escalier et l'importance de la structure même du vestibule. Vers l'aile ouest, la salle des gardes est la pièce la plus spectaculaire. Elle s'inspire, avec ses quelques marbres, des palais romains, le Colonna ou la Villa Borghèse, mais retravaillés localement par des artisans choisis par le maître des lieux, ce qui confère à la pièce aux belles dimensions, comme au château tout entier, un dessin monumental au sein d'un creuset de finition plus modeste. Villemort a aimé la quintessence du goût classique, qu'il mâtine d'une influence baroque d'époque Louis XIV tardif, ce qui se concrétise dans les sculptures, la marqueterie du sol inspirée de l'antique, ou en un plafond chargé d'allégories évoquant l'histoire d'Hercule. Le tout dans un rendu presque naïf. La synthèse est étonnante, du moins originale.

L'ensemble échappe au monumental car les émotions les plus personnelles se peignent un peu partout, exemple d'architecture intime. Chacun, ainsi, possède au château de Villemort sa pièce favorite. L'épouse d'Henry, Ewa, aime le « cabinet de bois », avec ses boiseries d'époque Louis XIII. Elle s'y sent transportée dans le confort d'une atmosphère chaleureuse, propice au jeu. Eugénie, la cadette, préfère le cabinet des porcelaines, petit et coquet, pourvu d'un agréable divan recouvert de toile de Jouy, peint à la mode bourgeoise, qui présente sur ses murs une collection Imari de Chine et du Japon datant du XVIIe siècle. Au plafond, le lustre est composé d'une armature baroque où sont suspendues des gouttes en porcelaine de Chine. Les deux fauteuils indiens en ivoire, réalisés pour le marché anglais, ont été achetés en Amérique et offerts à la jeune femme par William.

Ce dernier a toujours tenu, quand il y séjournait encore, du temps de ses vingt ans, à prendre ses repas dans la salle à manger au décor de goût grec, réalisé plus récemment, d'où l'on peut voir la perspective générale du jardin, ses allées, ses quelques cascades préludant à la forêt profonde. Louis n'y vient plus guère mais reste attaché au billard d'époque Louis XIV, en ébène et acajou de Cuba. Il est complété par quelques queues, dont une, que son oncle lui a fait faire, représente un dauphin tenant le taquet en ivoire sculpté. Quant à Henry, lorsqu'il n'est pas dans sa chambre, la plus isolée du bâtiment, il se réfugie de longues heures durant dans le salon de compagnie, qui a conservé en grande partie son décor d'origine, notamment une corniche à quatre rangs de sculpture ou ses dessus-de-porte à l'antique. Surmontant la cheminée, un profil représente la duchesse de Villemort, sa femme, un portrait aux armes de la famille, la salamandre et les crocs de loup. Cette pièce possède une grande douceur pour le vieillard, tissant une relation intime avec les objets. Tout ce qu'Henry de Villemort sent lui échapper depuis quelque temps.

Là, entouré de femmes, d'enfants, de quelques très jeunes gens de sa famille, il attend, en ce début août d'agitation et de chaleur, l'arrivée des paysans que la rumeur annonce. Les paysans ont pris les armes. Parce qu'ils ont peur. Des brigands, que chacun voit partout, des errants, qui traversent les campagnes à la recherche de nourriture, des seigneurs et de leurs hommes de main, qui vont sûrement, dit-on, prendre leur revanche tandis que l'Assemblée nationale abolit leurs privilèges. Les paysans sont également armés par leur propre fierté et il ne faut pas s'en étonner : voici des siècles d'humiliation soudain effacés par quelques décrets nationaux. Ils ont désormais le droit de chasser, le droit de porter des armes, de se défendre, de circuler comme ils l'entendent, même de cueillir les champignons où ils le veulent et à la date qu'ils choisissent. Tout ce dont il faut s'étonner, quand on sait ce qu'ils ont souffert, c'est qu'ils aient commencé si tard.

À la nuit tombante, une foule paysanne se dirige vers le château, armée de fourches, de longs bâtons ferrés, de vieux fusils récupérés çà et là. Les gens y montent d'abord pour se faire donner les terriers, ces anciens documents où sont consignés les devoirs féodaux, qu'ils voient comme des instruments de servitude. Ils s'attaquent aux antiquités et aux originaux, gardés par les seigneurs à l'endroit même de l'oppression : les beaux parchemins primitifs, ornés de sceaux écarlates, restés dans le trésor du château pour être montrés aux bons jours. Dans leur portefeuille de velours, au fond d'une arche de chêne, ils font l'honneur des ducs et des marquis. Pas de manoir qui, près du colombier, ne montre la tourelle des archives.

Les paysans, dans leur attroupement hétéroclite, telle une cohue mobile hérissée de piques, grand corps malléable et placide pourvu d'une multitude de jambes, parviennent au château après une heure de marche depuis la place du village. Ils font face au vieil aristocrate, sorti sur le perron, entouré de certains de ses enfants, petits et arrière-petits-enfants, que des femmes et des filles, ou les plus fragiles et frêles parmi les hommes. Les autres sont restés à Paris ou à Versailles, où ils ont à faire. Ces paysans, Henry de Villemort les connaît pour la plupart depuis longtemps ; il n'est pas un mauvais maître. Jamais il n'a vexé les communes, ni clos d'un mur la fontaine du village pour se réserver l'eau. Il ne s'est pas emparé des terrains communaux, n'a pas exercé de droit de cuissage ni prélevé d'impôt, de taxe ou de péage injustes. Mais il est un maître quand même.

Sagement, il leur fait livrer les papiers, ne proteste pas, ne réagit pas. Les paysans commencent par délimiter un cercle avec des pierres ramassées en chemin, jettent les ouvrages au centre en y mettant le feu. Les plus jeunes esquissent une danse joyeuse autour du brasier qui, en cette année exceptionnelle, prolonge les rituels feux de la Saint-Jean. Des rires éclatent et des chants montent. Les enfants du châtelain y participeraient presque. Mais l'un des rieurs désigne bientôt la tourelle, qui est modeste, à peine plus élevée que l'aile est du bâtiment. Ce n'est pas la tour elle-même que le paysan veut abattre, mais le symbole, hérité du donjon, où il voit toujours des siècles de servitude. Des torches sont allumées dans l'autodafé des terriers, et trois hommes, encouragés par les vivats des autres, finissent après plusieurs tentatives infructueuses par mettre le feu à la tourelle. Pour les Villemort, c'est un crève-cœur. Moins pour le monument féodal que parce que y est installé le billard cher à Louis. Un tout jeune homme tente d'ailleurs de résister, un apprenti aristocrate qui n'avait sans doute pas à être là. Lorsqu'il veut saisir son épée, une volée de bâtons s'abat sur lui, l'assommant aussitôt. Il est massacré immédiatement à coups de fourche. Son corps n'est bientôt plus qu'un lambeau de chairs.

Face à cette violence, le vieux duc de Villemort reste interdit, entouré par deux ou trois rejetons de noblesse qu'on dirait abâtardis, tandis que ses filles et petites-filles fuient, se terrant dans une pièce de l'aile ouest du château, qui sert habituellement de débarras aux domestiques. Une part du domaine part en fumée ce soir-là, la tourelle et quelques dépendances, l'orangerie, les écuries.

Henry de Villemort erre dans les couloirs de son château. Devant l'aile est, des échauffourées éclatent, mettant aux prises quelques groupes de paysans et certains jeunes héritiers de sa famille, impuissants mais furieux. Sur le visage défait du très vieil homme, qui entend les cris, le bruit des affrontements et des piétinements, se dessine la certitude de subir la fin d'un temps, l'achèvement de l'histoire. Il vit cela comme s'il était arraché à son époque par cette apocalypse. Des paysans sortent de la salle des gardes en chantant. Villemort y entre alors comme un spectre et découvre, pendu au lustre de cristal, le corps pâle et en partie dénudé, outragé et meurtri, d'Amaury de Villemort, l'un des frères aînés d'Eugénie – celui qu'on ne remarquait pas, que certains disaient simplet, qui n'avait aucun tort si ce n'est d'être né noble. Bientôt, dans le silence glaçant, à la lueur funèbre de quelques torches, trois vieux domestiques décrochent le corps avec peine et le posent à terre aux pieds de l'ancêtre décomposé.

Le lendemain, en fin d'après-midi, dans la cour du château de Villemort, alors que les restes calcinés de la tourelle et des écuries fument encore, seuls les hennissements des chevaux, leurs piaffements et le bruit sec de leurs sabots cognant le pavé troublent le silence. Trois grosses berlines chargées attendent devant le grand escalier. Henry de Villemort apparaît sur le perron, entouré d'une partie de sa famille, la plupart arrivés dans la précipitation au cours de la journée, une fois connue à Paris la nouvelle des pillages et des morts. Des valets en livrée apportent quelques derniers effets et les hissent sur les galeries des voitures. Tandis que le vieillard et les hommes demeurent sur le perron, les femmes et les enfants descendent silencieusement la volée de marches et s'installent sur les sièges de velours gris aux armes des Villemort. La salamandre a rarement été aussi triste.

Pour protester que ni le roi ni ses lieutenants ni ses ministres, et pas davantage ses soldats, ne font quoi que ce soit pour protéger les châteaux, ne disent quoi que ce soit à Versailles pour condamner les incendies, une partie de la noblesse se sauve de France. Depuis quelques jours, le comte d'Artois, frère du roi, les Condé, les Conti, les Polignac, Vaudreuil, Broglie, Lambesc et autres ont émigré. Hébétés, effrayés, ils ne comprennent rien et redoutent ce peuple qui se lève et exerce sa violence.

Les Villemort ne reconnaissent pas non plus les gens qui habitent près de leur château depuis si longtemps, l'ont entouré et mis à mal hier, ont brûlé, cassé le billard et les queues qu'abritait la tourelle, ont massacré un gentilhomme malhabile et assassiné l'un de leurs fils qui ne faisait que se défendre. Comment Bastien, le fils de la ferme Charpot, qui jouait voici encore cinq ans dans la mare du château, a-t-il pu lancer l'assaut de la tourelle ? Pourquoi son ami Jacques, qui habite la métairie voisine, figurait-il parmi ceux qui ont attrapé, massacré et pendu Amaury de Villemort ? Cette incompréhension terrible laisse entrevoir le pire, ce cauchemar qu'avait fait une nuit Henry de Villemort, et qu'il raconta ensuite à ses enfants : un homme à moitié calciné, marchant en traînant son propre cercueil camphré, vient réclamer à la porte du château qu'on le brûle totalement. Bien sûr, personne n'accepte, et ce refus déclenche la violence du brûlé, jetant le feu et la mort au cœur de la famille. Jamais les Villemort n'auraient pu imaginer que cette violence, qui s'exerce désormais cruellement contre eux, ils l'avaient forgée eux-mêmes. Seul, un jour à table, William avait osé lancer à son père, en soutenant son regard et en montrant les dents : « Vous les avez rendus barbares ! » La famille avait pardonné l'affront – même si l'impudent avait dû quitter la table –, en le mettant sur le compte des lubies américaines d'un homme trop naïf qui rejette les traditions et trouve aux colères soudaines des paysans toutes les excuses. Cette barbarie, elle a donc éclaté, mais ni Henry ni ses fidèles Villemort ne veulent en comprendre les causes.

Les hommes se saluent, certains baisent une dernière fois la main du fondateur de la lignée. La plupart vont partir. Tout le monde se dit adieu de façon digne et retenue. Ne restent, autour du vieil aristocrate et de sa femme, que quelques personnes, surtout des femmes, filles, petites-filles, arrière et arrière-arrière-petites-filles, groupées de sombre, entourées d'une petite armée de domestiques, dont certains font eux aussi leurs bagages et partiront ce soir ou demain. L'aile ouest est désormais presque vide, neuf vastes pièces débarrassées de leurs effets ; l'aile est compte ses ruines. Les trois berlines s'éloignent déjà, dans la poussière soulevée par les équipages.

William et Louis Villemort demeurent sur le perron, en retrait de l'ancêtre. À quelques mètres de là autour d'Eugénie, sous un grand chêne, quelques femmes et jeunes filles pleurent doucement la mort de leur cousin. Tous attendent la tombée du jour, regardant vers la grande allée bordée d'arbres et la lisière touffue de la forêt, comme s'ils croyaient que les berlines allaient faire leur retour fantomatique.

Une fois la nuit venue, Henry de Villemort et sa femme retirés dans leurs appartements, Eugénie, sa cousine et quelques jeunes gens, très exaltés, se réunissent autour de William et Louis. S'adjoint à eux un homme de couleur, l'esclave affranchi de William, Equiano, venu d'Amérique. Ils viennent d'apprendre la fuite d'un des domestiques, spécialement attaché à Eugénie, un jeune Noir qu'elle avait fait venir des Antilles. La tradition familiale séculaire veut que chaque domestique ait le droit de tenter sa fuite. Mais lorsqu'il s'échappe, la lignée part à sa chasse. Sans pitié. Sans doute est-il allé se cacher à Paris, se croyant protégé par la Révolution naissante. William de Villemort repousse cette chasse à l'homme, par conviction et par solidarité avec l'esclave noir affranchi de sa suite, entraînant dans son refus son neveu Louis. Il sort des pigments d'une poche qu'il garde à la ceinture, et trace sur son visage une double croix indienne, rouge et blanche, héritée d'un rituel sioux. C'est pour lui le signe du refus des anciennes lois despotiques et injustes du vieux continent et de ses élites les plus privilégiées.

Eugénie organise donc seule la chasse, pour laquelle elle mobilise les jeunes gens qui restent au château, ceux qui n'ont pas fui en émigration. Elle peut compter sur cinq cousins, ses alter ego des familles nombreuses d'Amaury, de Gontran et de François de Villemort. S'y ajoutent des jeunes femmes, qui feront nombre en amazones. Par contre, son autre domestique noir plus âgé, Télémaque, refuse la chasse à l'homme. Il rejoint la position de William, de Louis et d'Equiano.

La petite troupe hétéroclite, aristocratique et dandy, part à cheval pour Paris aux premières lueurs de l'aube, laissant seul, avec quelques serviteurs, le couple des vieillards. Ceux-ci, debout raides en haut du grand escalier, donnent le change et demeurent muets en saluant les derniers nobles de la lignée des Villemort à l'heure de leur départ pour la capitale.

L'hôtel de Villemort est vide. Pas âme qui vive. Les portes soigneusement fermées, les volets clos, la grille de la grande entrée renforcée par trois poutres de chêne, le bâtiment risquant l'assaut dans le Paris révolutionnaire en tumulte. Tout se réveille soudain, à la lueur de flambeaux et dans un fracas de sabots, quand la troupe menée par William, Louis et Eugénie de Villemort parvient devant l'hôtel du Marais par la rue de la Couture-Sainte-Catherine. Deux cousins font rapidement sauter les poutres qui bloquent l'entrée dans la cour pavée. Très vite, les bougies s'allument, des voix, des cris, des ordres retentissent, et bien des chambres sont occupées.

Autour d'Eugénie, qui ouvre tour à tour trois malles avec des gestes vifs et précis, et d'une de ses cousines, qui joue au clavecin une pièce de Charpentier, des jeunes gens se préparent à partir en chasse, fouillant dans les malles, en sortant des poignards, des habits, des masques, enfilant en riant des vêtements civils anciens et récents, ou ceux des dragons, les unités d'élite monarchiques de la fin du règne de Louis XIV. Eugénie les encourage en les embrassant, les déshabillant et les rhabillant d'une main experte, excitant la petite troupe par ses cris et ses mimiques de désir. Transportée par la musique sacrée, elle trouve ces petits guerriers très beaux et ne demande qu'à les guider.

La troupe quitte bruyamment l'hôtel du Marais, une fois la nuit noire enveloppant les rues et les bâtisses de la ville.

II

Les Villemort

William et Louis de Villemort sont tellement concentrés qu'ils ne remarquent rien du départ d'Eugénie et de sa bande, ni de l'atmosphère soudain silencieuse. Éclairés par la lueur d'une bougie posée devant eux, serrés autour d'un guéridon couvert d'un cuir rouge vif, ils lisent un ouvrage in-octavo d'un fort bon volume qu'ils ont récupéré au château, profitant des désordres et des déménagements de documents engendrés par l'émeute paysanne et ses incendies. La rumeur le mentionnait : une couverture de cuir noir aux armes des Villemort, la salamandre et les crocs de loup, surmontées du titre attendu : *Traité sur les apparitions des esprits et sur les vampires*. Ils déchiffrent l'ouvrage, comparant les lignes composées en caractères d'imprimerie et celles, dans les marges ou sous les pavés de texte, écrites à la plume par Henry de Villemort avec des lettres si petites qu'elles sont difficilement lisibles. Dans les carrés composés de caractères d'imprimerie, les trois hommes peuvent lire un premier récit, parmi ceux rapportés dans la compilation due au révérend père Dom Augustin Calmet, bénédictin de la congrégation de Saint-Vanne, abbé de Senones, réputé pour son érudition.

« Voici l'histoire que j'ai consignée dans mon *Visum et Repertum*, l'an 1732. Ayant entendu dire à plusieurs reprises que dans le village de Medwegya, en Serbie, les soi-disant vampires faisaient mourir un grand nombre de personnes en leur suçant le sang, j'ai reçu l'ordre et la mission du commandement supérieur de Sa Majesté de faire la lumière sur cette question et d'enquêter avec l'appui d'officiers et de deux édiles municipaux. Notre examen des faits se fit par-devant le capitaine de la compagnie des Heiduques, Gorschitz Heiduck Burjaktar, et les autres Heiduques les plus anciens de l'endroit. Ceux-ci, après qu'on les eut interrogés, déclarèrent unanimement qu'il y a environ cinq ans, un noble du pays, nommé Arnold Paole, se brisa le cou en tombant d'une tour de son château. Ledit Arnold Paole avait raconté à plusieurs reprises au cours des années précédentes avoir été victime d'un vampire près de Cassowa, dans la Perse turque. Il a été constaté qu'il avait lui-même mangé de la terre dans sa tombe et se serait frotté du sang. Vingt ou trente jours après sa mort, des gens se plaignirent que le nommé Arnold Paole venait les tourmenter et qu'il avait fait mourir quatre personnes en les mordant, les égorgeant et vidant de leur sang. Pour mettre fin à ce danger, le Heiduque conseilla aux habitants de déterrer le vampire. Ce qui fut dit fut fait, quarante jours après la mort de celui-ci, et on le trouve en parfait état de conservation, les chairs non décomposées, les yeux injectés de sang frais, qui lui sortait également par les oreilles et par le nez, salissant sa chemise et son linceul. Les ongles de ses mains et de ses pieds s'étaient détachés, et d'autres repoussaient à leur place, d'où l'on conclut qu'il était un archi-vampire. Aussi, selon la coutume, on lui enfonça un pieu dans le cœur. Mais tant qu'on se livrait à cette action, il poussa un grand cri et une forte quantité de sang jaillit de tout son corps. On brûla celui-ci le jour même et les cendres furent jetées dans le tombeau. Mais les gens prétendent là-bas que tous ceux qui sont victimes d'un vampire en mourant le deviennent à leur tour. C'est pourquoi il fut décidé d'exécuter de la même manière les quatre corps cités ci-dessus. Signé Johann Flückinger. »

Sous le chiffre XVI du même traité, les deux Villemort lisent également, écrite par Janosz Patočka, la lettre suivante, reproduite en caractères serrés et droits par Dom Calmet : « Le prince Charles VI de Belgrade fit partir une députation, moitié d'officiers militaires, moitié de civils, avec l'auditeur général du royaume, le duc Charles-Alexandre de Wurtemberg, pour se transporter dans un village où un fameux vampire décédé depuis plusieurs années faisait un ravage excessif parmi les siens. Car notez que ces suceurs de sang se plaisent à détruire notre espèce. Cette députation fut composée de gens et de sujets reconnus par leurs mœurs, et même par leur savoir, irréprochables et même savants parmi les deux ordres : ils furent sermentés et accompagnés de vingt-huit grenadiers du régiment de Wurtemberg. Arrivé sur les lieux, l'on trouva que dans l'espace de quinze jours, le vampire, oncle de cinq tant neveux que nièce, en avait déjà expédié trois, et un de ses propres frères, en les crevant et en les buvant. Il en était au cinquième, belle jeune fille, sa nièce, et l'avait déjà sucée deux fois lorsqu'on se rendit sur sa tombe. On mit fin à cette triste tragédie par les opérations suivantes : l'on vit sur son tombeau une lueur semblable à celle d'une lampe, mais moins vive. On fit l'ouverture du tombeau et on y trouva un homme aussi entier, et paraissant aussi sain qu'aucun de nous, y assistant. Les cheveux et les poils de son corps, les ongles, les dents et les yeux (ceux-ci demi-fermés) aussi fermement attachés après lui qu'ils le sont actuellement après nous qui avons vie et qui existons, et son cœur palpitant. Ensuite, on procéda à le tirer hors de son tombeau, le corps n'étant pas, à la vérité, flexible, mais n'y manquant nulle partie, ni de chair ni d'os. Ensuite, on lui perça le cœur avec une espèce de lance de fer pointue ; il en sortit une grande quantité de matière blanchâtre avec du sang, mais le sang dominant sur la matière, le tout n'ayant aucune mauvaise odeur ; ensuite de quoi, on lui trancha la tête avec une hache semblable à celle dont on se sert en Angleterre pour les exécutions. Il en sortit aussi une matière, et du sang, semblables à ceux que je viens de dépeindre, mais plus abondamment encore à proportion de ce qui sortit du cœur. Au surplus, on le rejeta dans sa fosse avec force chaux vive pour le consommer plus promptement ; et dès lors, sa nièce, qui avait été sucée deux fois, se porta mieux. À l'endroit où ces personnes sont sucées, il se forme une tache très bleuâtre. C'est un fait notoire attesté par les actes les plus authentiques, et passé à la vue de plus de mille trois cents personnes toutes dignes de foi. »

Ces deux récits épouvantables consignés par Dom Calmet ne sont que le prélude à une histoire plus inquiétante qui, soudain, saute aux yeux des deux hommes, rapportée dans la marge du texte imprimé, puis sous lui, grâce à l'écriture et sous la signature du patriarche des Villemort : « Alors l'évêque de Chartres raconta qu'un chevalier de son diocèse, excommunié, fut tué en l'an de grâce 1611. Malgré les prières de ses amis et de ses proches, l'évêque refusa de l'absoudre car il avait commis, étant plus jeune, une grosse faute de pillage. Aussi, sous l'escorte du prêtre, il fut enterré par des soldats près d'une église de Saint-Pierre et sur sa tombe on plaça une croix où étaient tracées ses initiales, non le nom du mort, comme pour tous les excommuniés, afin de n'offenser ni les autres morts ni Notre Seigneur : "H. de V. 1569-1611." Or, le matin suivant son corps fut jeté loin hors du cimetière, nu sur le sol. Les soldats le découvrirent et il n'avait rien sur lui que les vêtements avec lesquels il avait été enseveli. De nouveau, ils enterrent là son cadavre et ferment avec soin la tombe sous un énorme poids de terre et de pierres. Mais le lendemain, ils aperçoivent encore le cadavre rejeté et la tombe intacte. Cinq fois, ils l'enterrent ; cinq fois avec le même effroi ils le voient rejeté. Vaincus enfin par un phénomène effrayant, ils recouvrent de terre ce corps loin du cimetière de l'église. Frappés de terreur, ils s'aperçoivent bientôt que le corps est de nouveau sorti de sa tombe, et qu'un cadavre de jeune fille, saigné à blanc, y a été déposé le matin à la place du chevalier pillard, tandis que ce dernier reste introuvable. Malgré leurs recherches et leurs rondes, de jour comme de nuit, ce cadavre excommunié buveur de sang n'a jamais pu être mis en terre par la suite. L'évêque a dit que le diable a donné à l'esprit mauvais de ce misérable chevalier le pouvoir de se réveiller, de faire marcher son corps mort et de se nourrir du sang des vierges. Il recommande cependant de le trouver, d'exhumer le cadavre et de l'égorger tout en aspergeant d'eau bénite le corps et la tombe et, cela étant fait, de l'enterrer de nouveau. On ne sut faire cela et les vivants de la Beauce furent tourmentés par l'esprit errant. Il arriva qu'une fois on le vit, une certaine nuit, et l'homme qui lui fit face, un certain Justin Bardet, étant courageux, actif et perspicace, sortit de chez lui en courant, brandissant une fourche. Alors, le démon s'enfuit et jamais plus on ne le vit. »

Ce texte est le récit des origines maudites des Villemort, portant le sceau de la salamandre aux crocs de loup. Le chevalier pillard, alors qu'il venait d'entrer dans sa vingt-troisième année, a volé et fondu en or, pour s'en faire une bague et des bijoux qu'il offrit à sa maîtresse, les calices de la cathédrale de Chartres. Pour cette offense blasphématoire, dont s'est plaint l'évêque avec véhémence, et qui fut dénoncée au pape lui-même en audience, le chevalier de Villemort fut excommunié. Il vécut toute son existence mortelle sous cette infamie. Sa première punition fut l'écart dans lequel la société de la ville de Chartres le maintint toute sa vie. Le chevalier s'en fut trouver place dans une autre région, le Parisis, et plus particulièrement le manoir situé près de la forêt de Carnelle, laissé en ruines par un épisode violent de la guerre des religions. Vivant isolé, le chevalier Henry de Villemort fit souche en cet endroit, qui peu à peu lui ressembla. Il reconstruisit l'édifice pierre à pierre, si bien qu'il en fit un château estimé. Il resta cependant longtemps, plusieurs générations, encombré d'une réputation sulfureuse. La deuxième punition qu'il endura fut la démence sanglante de sa maîtresse, Esther, qu'il avait entraînée dans sa fuite. Celle-ci fut accusée d'avoir fait enlever et saigner de malheureuses jeunes filles des villages autour du manoir. Selon les chroniques de l'époque, le nombre des victimes avoisinait une vingtaine. Elle prenait un vif plaisir à voir mourir ses victimes, torturées avec des aiguilles qui leur transperçaient les membres, et à boire leur sang. Les rumeurs se répandirent et, pour mettre fin au carnage, Henry de Villemort lui-même dut enfermer sa maîtresse dans un cachot dissimulé au soubassement de la principale tour du manoir. Les chroniques racontent qu'elle y mourut de faim, douloureusement sevrée de sang.

Enfin, la troisième punition vint après la mort du chevalier, à l'âge de quarante-deux ans. La mort elle-même, en juin 1611, fut violente, au cours d'une chasse au sanglier. Henry de Villemort fut précipité à terre quand son cheval, lancé à pleine vitesse, sauta au-dessus d'un tronc d'arbre et que le chevalier percuta une forte branche qui lui frappa le front. Il tomba brutalement sur un morceau du tronc, taillé en biseau, qui lui transperça la poitrine. Quand ses gens le trouvèrent peu après, gisant mais encore vivant, le sang apparut très vite à ses lèvres. Ils l'arrachèrent à son fatal éclat de bois, l'amenèrent dans une clairière non loin, mais Henry de Villemort ne survécut que quelques minutes, rendant son dernier souffle dans les bras de son écuyer. On le transporta au manoir, où on le lava, le parfuma, le vêtit de son habit d'apparat, puis on l'installa afin que sa famille, ses proches et ses sujets lui rendent les derniers hommages. Rares furent ceux qui lui accordèrent cette ultime visite, mis à part les gens de sa suite, ceux qui vivaient en sa compagnie au château. Aucun prêtre n'accepta de procéder au service funéraire, et l'évêque refusa de l'absoudre, au regard de la gravité de son péché de pillage et de blasphème. L'excommunication ne fut pas levée. Aussi fut-il enterré par ses gens, sous le regard d'un prêtre, dans le cimetière commun de l'église Saint-Martin de Cormeilles-en-Parisis.

C'est là qu'eurent lieu les événements dont parle Philippe Hurault de Cheverny, évêque de Chartres, dans sa chronique, *Histoire générale, civile et religieuse de la cité des Carnutes*, publiée en 1644, vingt-quatre ans après sa mort. Ce que l'ecclésiastique ne dit pas, car il ne l'a jamais su ou, plutôt, n'a jamais voulu le savoir, est le vampirisme d'Henry de Villemort, dont plusieurs témoins ont vu, certaines nuits, l'effrayante transformation physique, tant ses ongles et ses dents avaient poussé, tant sa pâleur et sa maigreur étaient impressionnantes, tant son goût du sang le poussait à errer dans l'obscurité en frappant aux portes et aux fenêtres des habitations proches du manoir où il a vécu.

Bientôt, à la surprise des siens, dont la plupart prirent peur et disparurent sans laisser de trace, Henry de Villemort, qui ne mourrait pas, vint se réinstaller dans son manoir. Il se mit à vivre comme s'il n'était pas mort, traversant les décennies, les siècles, avec une constance d'habitudes, d'apparence, de mœurs, de pensée, comme si chez lui le temps long, extrêmement long, s'apparentait à la temporalité brève d'une vie banale. Si bien que la plupart de ceux qui vivaient à ses côtés, notamment au Grand Siècle, vieillissaient puis disparaissaient tandis que lui continuait son existence, entouré de ses plus proches parents de sang, eux aussi survivants, son épouse, ses enfants, petits-enfants, arrière-petits-enfants. Après quelques générations, ce décalage des temps avait presque cessé de surprendre ceux qui le connaissaient. D'autant qu'Henry de Villemort avait apprivoisé, et comme affadi, les signes vampiriques les plus spectaculaires de sa condition. Il demeurait certes d'une pâleur et d'une maigreur singulières, mais plus aucun folklore de vampire ne l'entourait. Il ne dormait pas dans un cercueil, n'était pas accompagné de rats ou de chauves-souris, ne redoutait pas spécialement le jour ni les croix, encore moins les gousses d'ail, et ne se précipitait pas sur les jeunes vierges pour les mordre et les égorger. Il lui suffisait d'un bol de sang quotidien, qu'il avait pris l'habitude, au fil des ans, de prélever sur les membres de sa famille. Tous, d'ailleurs, agissaient de même, et les Villemort se saignaient et se buvaient souvent lors de cènes collectives qui n'étaient pas vécues comme des orgies sanglantes, mais plus communément comme des repas de famille.

Famille il y eut. À la troisième génération qui suivit sa réapparition vampirique, en l'an 1676, Henry de Villemort prit femme. Il choisit une étrangère, une duchesse polonaise, Ewa, de la famille des Gondalier de Pawlovski, qu'il alla chercher à Cracovie et conduisit en son château. Elle n'avait jamais vu la France, et ne vit jamais beaucoup plus que le manoir du Parisis, l'hôtel du Marais, et le trajet de l'un à l'autre, deux ou trois fois l'an. La duchesse apporta un titre au chevalier de Villemort – sûrement est-ce pour cela qu'il l'avait choisie –, qui devint le duc Gondalier de Villemort. Ce dernier lui transmit ses habitudes vampiriques. Elle vivait donc à ses côtés sans vieillir, partageait ses repas sanglants. Elle lui donna également une descendance.

Amaury naquit une trentaine d'années après le mariage ; il était clairement le plus vampire d'entre tous, mais, dès ses premières années, il s'avéra une personnalité sans éclat : timide, malingre, souvent prostré, il passa son existence dans la dépendance, physique, psychologique, financière et sanglante, de son père. Gontran, né peu après, était tout le contraire et ne ressemblait en rien à ce qu'on pense être un vampire. Il vécut la plupart du temps hors du château des Villemort, hors même de la famille au sens large, préférant s'installer à Londres où il oublia tout à fait les rites, les droits et les devoirs de son espèce. Qui le lui rendit : jamais il n'était invité aux réunions de famille ni aux cérémonies sanglantes des Villemort. François, né en 1722, était le plus méchant de tous, et il est demeuré acariâtre et violent, malsain et pervers. Petit, il avait l'habitude de manger vivants les animaux qu'il attrapait, s'en repaissant en orgie de plumes et de poils, comme s'il s'agissait d'un hors-d'œuvre avant les repas familiaux de bols de sang. Dans sa jeunesse, faisant plutôt bonne prestance, il eut plusieurs maîtresses, dont la plupart disparurent et on imagina qu'il les avait dévorées. Il épousa une baronne, Armeline des Collins du Trenchard, dont il eut une nombreuse descendance, essentiellement des filles, ce qui le rendit encore plus âcre et furieux. Il s'enferma dès lors dans son manoir, petit et sale, non loin du Parisis, près de Solesmes dans le Cambrésis.

Isabeau et Enguerrand, jumeaux nés en 1726, étaient chétifs et effacés. Ils restèrent au château toute leur vie durant et on aurait dit qu'ils y étaient cloîtrés. Un demi-bol de sang suffisait à leur survie quotidienne et, maladifs, généralement serrés l'un contre l'autre en un duo débile, ils n'en demandaient pas davantage. On ne sait trop comment un enfant put naître du ventre de la première, qu'on croyait trop faible pour enfanter. Comme on ne lui connaissait pas d'amant, on soupçonna son frère Enguerrand d'être le père incestueux.

L'étonnement fut donc immense de voir grandir de cette union contre nature, voire monstrueusement dégénérée, un garçon, puis un jeune homme bien fait, élégant et brillant. Louis de Villemort naquit ainsi en 1764, fils de l'inceste mais fait pour la gloire, portant sa beauté sur le visage et sur le corps. Le patriarche de la famille, son grand-père, le prit sous son aile. Louis bénéficia de la meilleure éducation, tant physique qu'intellectuelle, fréquenta les bancs du collège Louis-le-Grand, puis on acheta pour lui une charge d'avocat au Parlement de Paris. Il devint l'un des jeunes hommes les plus réputés de sa génération. Au milieu des années 1780, il suscitait tous les espoirs de sa famille, qui n'avait jamais été si brillamment représentée. La rupture avec une partie des Villemort, la part la plus traditionnelle, arc-boutée sur les privilèges de sa race, fut d'autant plus surprenante que violente.

William de Villemort, son oncle, ne fut pas pour rien dans ce bouleversement. Né en 1744 du mariage des Villemort, assez tôt émancipé des habitudes aristocratico-vampiriques, il fut le premier de la lignée à choisir de mener ouvertement une vie différente. Non pas une autre vie, à l'écart et au loin, comme Gontran, mais une vie rebelle, vécue tel un manifeste contre les privilèges des anciens temps, pour la réforme, tant politique que morale. William de Villemort, soldat par son sang et avocat par ses études, était un homme de mérite. Il chérissait cette vertu nouvelle, qui renvoyait vers le passé d'une France ancienne les privilèges et les situations héritées. Son idée était que le mérite allait au talent, non à la seule naissance, et que le talent pouvait être partagé par tous, du moins par ceux qui s'étaient donné une éducation. À l'aristocratie du privilège devait succéder une aristocratie du mérite. Cette idée n'était pas seulement la sienne : William de Villemort faisait partie d'une petite société de jeunes gens réformateurs, qui venaient de bien des milieux, repoussaient les privilèges et refusaient, surtout, la division de la société en trois ordres, noblesse, Église et tiers état. Pour cette Société des patriotes, chacun pouvait se réclamer du bien commun, pourvu qu'il fasse montre de sa volonté de servir le pays, sans distinction entre les nobles, les ecclésiastiques, les bourgeois, les avocats, les écrivains, les philosophes et même les commerçants ou les artisans.

En se référant ainsi au mérite, William de Villemort entra en conflit avec son père et une part de sa famille, qui eux se réclamaient d'une logique du sang. Non seulement le sang qui nourrit les vampires, même s'il ne s'agit souvent que d'un simple bol, mais aussi le sang comme valeur et référence. Les Villemort jugeaient que, puisque le sang bleu de la noblesse coulait dans leurs veines, ils planaient au-dessus de la roture et de la plèbe, dont le sang ne pouvait évidemment pas se comparer au leur. Pour les Villemort, cette idéologie du sang aristocratique les liait directement aux

Francs, dont ils s'estimaient les héritiers et dont ils revendiquaient les privilèges.

William, fils révolté contre le dogme du sang, n'en était pas moins un Villemort ; même s'il le refusait de toutes ses forces, il savait que le sang du vampire coulait dans ses veines. Il ne participait plus aux rites vampiriques de sa famille, mais parfois, guidé par son instinct, il suivait dans la nuit un jeune homme, traversait la ville sur sa trace. Il arrivait que l'on découvre au matin dans une rue du Marais un cadavre vidé de son sang. Pour échapper à cette fatalité, William de Villemort choisit de fuir. Il ne pouvait pas résister seul, ou quasi, au sein de sa famille, et décida de rompre en laissant les siens le plus loin possible. Un nouveau continent s'offrait à lui : en Amérique, la guerre d'indépendance contre les colons anglais réclamait des bras alliés.

William de Villemort partit avec la petite armée de nobles français qui suivit Rochambeau, au nom du roi de France et de l'aide à fournir aux insurgés américains. Le 5 juillet 1780, William débarqua dans la rade de Newport, après avoir effectué la traversée de l'Atlantique à bord de la frégate *La Surveillante*. Il écrivit à son neveu Louis ce mot enthousiaste : « Après une si longue traversée et de si justes alarmes, on ne peut concevoir notre joie ; nous touchions enfin cette terre si désirée où la seule apparition du drapeau français allait ranimer les espérances des défenseurs de la liberté.

Nous fûmes accueillis par les acclamations du petit nombre de patriotes restés sur cette île naguère occupée par les Britanniques et que ceux-ci avaient été forcés d'abandonner. » Ils étaient six mille ; la petite armée se rendit indispensable à la toute jeune Amérique. Cette soif de renouveau, cette liberté inaliénable, cet espoir de réforme et de régénération, cette volonté de fonder un pays, tout cela toucha William de Villemort au plus profond de son âme.

En Amérique, de plus, il devint un homme. Cette éducation sentimentale passa par une révélation : le soldat n'aimait pas les femmes. Il était attiré par les corps des autres soldats et, il s'en aperçut peu à peu, plus encore par les corps exotiques des esclaves noirs ou gracieux des plus jeunes gens. William reçut cette découverte comme une libération sexuelle et politique.

C'est ainsi qu'il rencontra Gustave Oloda Equiano, esclave d'origine africaine. Fils d'une famille princière de la tribu Igbo, il avait été enlevé par deux chasseurs d'esclaves d'une tribu rivale au Nigeria et était devenu captif à l'âge de dix ans. Transféré à la Barbade, il fut acquis par un planteur de coton américain, qui le conduisit, avec un groupe d'une dizaine d'esclaves, dans sa propriété de Louisiane, près de Savannah. Equiano y rencontra bientôt un pasteur, qui le prit sous sa protection au sein de son temple, l'éduqua, lui donna une culture physiocratique et réformiste. À la mort soudaine de son protecteur, l'esclave tomba sous la coupe d'un maître sans états d'âme qui le renvoya à la case, aux champs et à la récolte harassante du coton. Equiano était particulièrement fort et endurant : il résista à plusieurs châtiments infligés suite à ses tentatives de rébellion ou d'évasion. C'est alors que William de Villemort, qui avait entrepris de visiter les nouveaux États de la fédération américaine, remarqua sa culture et sa beauté, en recevant clandestinement une délégation d'esclaves de Louisiane. La manière dont Equiano lisait, dans un anglais parfait, la lettre de protestation contre les châtiments corporels dans les plantations de Virginie et de Louisiane fut pour Villemort une révélation : il prit fait et cause pour les abolitionnistes, racheta Equiano et l'affranchit. Dans la nuit, le Noir devint son amant. Ils étaient désormais attachés l'un à l'autre selon un lien de fidélité que rien ne pourrait jamais dénouer.

William de Villemort se rendit célèbre comme avocat des abolitionnistes dans l'affaire *Zong*, navire négrier dont le capitaine, en avril 1787, avait décidé de jeter à la mer, au large du Massachusetts, sa cargaison de cent trente-deux esclaves touchés par une épidémie afin de préserver l'équipage et une autre partie des nègres transportés lors de ce voyage. Le propriétaire du navire s'était ensuite adressé au tribunal de Boston pour être indemnisé par son assurance « comme on peut l'être en pareil cas quand il s'agit d'animaux ». Tandis que le président du tribunal avançait que, « aussi choquant que ce soit, le cas des esclaves est exactement assimilable à celui des chevaux », Villemort plaida pour l'humanité des esclaves. Même s'il ne fut pas entendu lors de ce procès, qu'il perdit – le jury suivit l'avis du président et indemnisa en partie le propriétaire du *Zong* –, son discours eut un énorme retentissement et fut publié ou repris dans nombre de journaux, de gazettes et de libelles.

Cependant, malgré sa gloire américaine et l'existence confortable qu'il avait construite à Boston, aux premières nouvelles de la convocation des états généraux en France, William de Villemort décida de rentrer à Paris, mû par l'espoir d'y trouver un rôle historique à sa mesure. Il entraîna avec lui Equiano. C'est à ce moment-là qu'il fit définitivement basculer son neveu Louis dans son camp et celui de la Révolution naissante.

Le jeune homme a du caractère. Il est sensible, exalté, enthousiaste, prompt à s'enflammer, ce qui le rend parfois peu stratège mais lui insuffle une immense générosité de cœur. À la fin de l'année 1784, à vingt ans, passant outre les interdictions familiales, et malgré un reste de timidité héritée de ses parents débiles, il choisit de s'installer hors de l'hôtel des Villemort et de vivre seul aux abords du tout nouveau Palais-Royal, le bâtiment comprenant jardin, galeries, immeubles, où loge la famille du duc d'Orléans. Depuis quelques mois, le duc, prince de sang, cousin du roi, favorable aux idées nouvelles, a ouvert les immeubles de rapport disposés autour du jardin à l'achat de particuliers. Louis de Villemort, grâce à une somme envoyée d'Amérique par son oncle William, prend une grande et belle chambre au-dessus du passage des Deux Pavillons, et l'ensemble du Palais-Royal devient son jardin. Au cœur, le « cirque », un édifice en bois de forme ovale, accueille boutiques, spectacles, salles de concert et de nombreux badauds, qui circulent également dans les galeries, tout au long de trois des quatre côtés du jardin. Louis peut y croiser une population respectable, plutôt aisée mais curieuse, avide de nouveautés, de sensations, adorant voir autant qu'être vue, et débarrassée de toute surveillance militaire et policière – bien que les policiers et les espions en civil y pullulent. Le Palais-Royal est alors le lieu à la mode. Pour Louis, c'est l'espace de l'affranchissement, mais également des initiations : les galeries regorgent de prostituées en tout genre.

Louis de Villemort aurait pu devenir l'une des coqueluches de la société de cour. Mais il choisit une autre voie, se faisant le partisan de la réforme. Il est l'un de ceux qui incarnent la volonté de changement des jeunes nobles libéraux. Il prône l'égalité pour les protestants ou l'affranchissement des esclaves. Mais il est jeune, sans expérience de la politique. Voilà pourquoi l'influence de William est décisive. Le destin de Louis de Villemort prend forme dans son admiration envers son oncle. La lettre écrite par William, depuis Newport, en 1780, alors que Louis n'avait que seize ans, a changé sa vie. Il la garderait toute son existence agrafée sous sa chemise, près du cœur, en guise de talisman.

Cet attachement débute par une intense correspondance transatlantique, sur une durée de neuf années, entrecoupée de pauses lors des séjours de William à Paris. Ils échangent pas moins de trois cents lettres. Louis comprend qu'il doit se méfier de l'engeance des Villemort, qui n'ont de cesse de vouloir le récupérer, de lui faire réintégrer le giron familial. Il comprend que sa résistance passe par une forme de sevrage : repousser le vampirisme, renier le sang qui coule dans ses veines. Il trouve dans cette entreprise difficile un allié précieux en William, qui lui aussi s'est émancipé et a gagné l'Amérique pour fuir ce sang maudit.

Ce qui rapproche définitivement les deux Villemort, au début de l'année 1789, quand William rentre enfin en France, c'est une affaire brûlante propre à la chronique des théâtres parisiens. Louis, fin connaisseur de la scène, a ce talent de saisir le genre à la mode pour faire passer ses idées : il écrit en quelques jours une courte pièce qui, jouée par les Comédiens-Français, prend rapidement une tournure de scandale politique. Ce drame historique sur la Saint-Barthélemy, un temps repoussé par l'interdit des derniers censeurs royaux, est finalement joué à partir de février 1789 sur les tréteaux du théâtre de la Nation. L'intervention de William de Villemort, qui réclame la pièce dans la presse, a été décisive. Sur son prestige américain, il obtient de la faire jouer. Le sujet est sulfureux, une allégorie du pouvoir monarchique despotique, à travers un roi de France, Charles IX, qui accepte et ordonne un massacre.

Ses amis acteurs et actrices, eux aussi favorables aux idées nouvelles, endossent les principaux rôles négatifs du spectacle, dans une pièce qui impressionne d'abord par ses méchants. Mlle Vestris, une des maîtresses de Louis, est une abominable Catherine de Médicis – elle a même peur qu'on lui tire dessus –, et François-Joseph Talma, jeune comédien en pleine ascension, accepte le rôle de Charles IX. Talma en mauvais roi est effectivement saisissant : cheveux noirs coupés court, bas de soie blancs, sobrement vêtu de velours noir, portant la fraise sans ostentation, il en impose par ses gestes et ses mouvements autant que par un phrasé clair et tranchant. Il sait faire passer la malédiction qui repose sur une engeance maudite ; Louis s'est clairement inspiré de sa famille pour composer une pièce aux effets dramatiques efficaces. Le massacre, autant qu'un événement historique, devient sous sa plume un drame intime.

La salle est comble plusieurs heures à l'avance, le jour de la première. Les journaux attendent des cabales, certains redoutent une bataille rangée. Des spectateurs royalistes sont même venus l'épée au côté ou portant ostensiblement le pistolet. William est là, entouré de nombre de ses amis, occupant deux grandes loges. Avant le lever du rideau, il hurle de là-haut – montrant ses hommes, qui prennent une mine patibulaire – qu'il passera par l'épée le premier qui oserait troubler le spectacle. L'avertissement est concluant : les royalistes se taisent, la soirée appartient aux patriotes. Le rideau tombe sur un tonnerre d'applaudissements. Louis retrouve Talma en coulisses pour le féliciter, et tous deux sont portés en triomphe à la sortie du théâtre. C'est au café voisin que William lance à l'assemblée : « Si *Figaro* a tué la noblesse, *Charles IX* tuera la royauté. » Les deux Villemort sont désormais inséparables et pour un temps associés à la Révolution qui gronde.

Eugénie, la fille cadette, née en 1767, est la plus étrange d'entre tous les Villemort, poussant l'identité vampire jusqu'à la mystique du sang. Son corps en porte les marques spectaculaires : plaies, incisions, flagellations, privations, mais également, *via* cette souffrance, transports des sens, jouissances, hallucinations olfactives, auditives, visuelles, voracité sexuelle. Cette coprésence du sang et du divin sur le corps d'Eugénie de Villemort la transforme en jeune sainte vampire, femme-stigmate. Très tôt, elle refuse la nourriture, les légumes, le pain, le vin et les viandes, puis elle fait « suprême abstinence » en se contentant de la seule hostie trempée dans un peu de sang. À travers cette anorexie, elle prend figure christique : son corps efflanqué rappelle celui de Jésus sur la croix. Pourtant, il lui manque les plaies pour preuves de stigmatisation. Dès lors, elle commence à s'automutiler en se mordant et en aspirant son propre sang, faisant ainsi coïncider la souffrance intense qu'elle s'inflige, l'appétit sanglant des êtres de sa race, l'identification au martyr sur la croix, avec une apparence préservée, un visage angélique posé sur une silhouette élancée. Pour couvrir les traces de ses morsures, elle revêt habits, bottes et cape noirs, et se montre sanglée corsetée dans cette tenue de deuil.

Ce mystère de sainte vampire attire à elle un groupe de fanatiques, certains de tradition vampirique, d'autres non, qui l'entourent tout au long de son existence, communiant avec elle en un culte de l'autodévoration. Au milieu de ce rite, que certains comparent à des messes noires, Eugénie lance un jour : « Je porte sur mon corps les stigmates du Seigneur Jésus, par sa miséricorde. J'ai vu le Seigneur fixé à la croix, descendant sur moi entouré d'une grande lumière. Alors, venant des cicatrices de ses très saintes blessures, sont apparus cinq rayons sanglants qui se sont dirigés vers mes mains, mes pieds et le cœur de mon corps. Et tandis que je souhaitais cela ardemment, je me mis à me mordre où le Seigneur Jésus me le désignait. Aujourd'hui, si grande est la douleur que j'éprouve sensiblement dans tous ces cinq lieux, mais spécialement autour du cœur, et si douce est la joie que je ressens lorsque j'explore mes plaies et que je suce mon sang. » Cette perversion mystique du vampirisme confère à Eugénie de Villemort une aura de sainte et de monstre masochiste, d'où la fascination qu'elle exerce, telle l'égérie de la cause des suceurs de sang.

III

Le cadavre d'Eugénie

Eugénie de Villemort mène sa petite troupe en chasse à travers les rues du centre de Paris. Suivent, déployés en éventail, quelques garçons de la famille ou de jeunes cousines, formant une tribu dépareillée. Clinquants, parfois extravagants par l'apparence, armés d'épées ou de gourdins, ils recherchent l'esclave en fuite. Cette jeunesse porte sa morgue, sa fièvre batailleuse, sa verve aristocratique. Ils ont puisé dans les malles des Villemort une hétéroclite collection de modes et de costumes militaires, qu'ils se sont répartis : vestes blanches aux parements royaux, gilets de peluche, chapeaux ronds, cravates carrées, ceintures de gardes du roi, quelques cornets de mousseline montant jusqu'aux lèvres, culottes serrées agrafées sous le genou, guêtres écarlates de soldats suisses, basques à queue de morue, flots de rubans, bijoux, même des escarpins vernis, tout ce qu'Eugénie résume en un cri de ralliement qui aurait pu paraître comique s'il n'avait révélé une certaine violence : « Allez, mes rosse-coquins ! Venez à moi, mes rosse-coquines ! »

Ils passent d'abord près du Palais-Royal, puis au café de Chartres, au concert Feydeau, à la salle de bal Garchy. C'est là qu'ils croisent un groupe plus nombreux, et tout aussi impressionnant, des poissardes revenant de Versailles, ayant installé le roi et la reine dans le palais parisien des Tuileries ce 5 octobre 1789. Satisfaites, ayant mine de rien donné un tour décisif à la Révolution, elles vont en goguette prendre du bon temps en dansant. Il ne peut pas y avoir contraste plus saisissant. D'un côté, une jeunesse racée, en colifichets transgenres et fragments d'habits militaires, armée jusqu'aux dents, de l'autre des femmes fortes et mûres qui gueulent plutôt qu'elles ne parlent. Parmi ces femmes, on remarque surtout les « dames de la Halle », qui étaient ces trois jours à l'avant-garde du convoi, portant sur le tablier le tambour appelant à la mobilisation générale. Si elles disaient leurs noms, on entendrait Fine-Mouche, Cousine Doucette, Perrette la douteuse, la Thomas, Mme Saumon, Mme Mille-Gueules, Mme Engueule, Margot la mal peignée… Toutes triment sur les marchés parisiens, à la Halle ou place Maubert. Bien campées sur leurs jambes, parfois énormes, costaudes, coiffées d'un bonnet orné de fleurs, le tablier protégeant leur robe en laine grossière, elles sont marchandes de marée, harengères, et l'odeur de poisson colle à leur peau autant qu'à leur surnom. Elles circulent et travaillent en groupe, proches des marchandes d'oranges, des blanchisseuses, des bouquetières. En cette fin d'après-midi, elles trinquent et boivent. Les deux groupes se mêlent pourtant, puis, après les agapes, la chasse de la petite armée d'Eugénie de Villemort reprend ses droits.

La troupe passe à Saint-Roch, réveille brusquement des misérables qui dorment par terre sur une placette près de l'église de la rue Saint-Honoré. Les jeunes aristocrates sont excités. Les traqueurs veulent trouver l'esclave en fuite, et ne ménagent pas les pauvres qu'ils sortent du sommeil, passant la flamme de leurs torches tout près des visages et des corps. Au-dessus de la fontaine, quelques branches de l'arbre bougent légèrement : une discrète silhouette, cachée dans le feuillage, se découpe, prête à bondir. En dessous, à quelques mètres, les jeunes chasseurs qui inspectent les errants n'ont rien vu. Un homme, qui allume un feu, discute avec Eugénie de Villemort, assise près de lui. Il lui dit que ceux qu'elle cherche courent vite, trop vite, qu'elle ne les rattrapera peut-être jamais. Les cousins ont regroupé les errants dans un coin de la place. Ils fouillent les corps, dégoûtés par leur saleté, leurs odeurs. Les misérables grognent et protestent. L'atmosphère est tendue. Dans un autre coin de la place, une jeune mère, en partie cachée par le corps de son mari, allaite un bébé. Malgré l'obscurité, la blancheur de son sein attire l'œil d'Eugénie, qui s'approche avec l'un de ses cousins. Eugénie séduit l'homme, détourne son attention, tandis que le cousin se blottit contre le corps de la mère, pour lécher et téter son sein.

Profitant de l'occupation des jeunes gens, l'ombre bondit de l'arbre et sort un long poignard. Eugénie de Villemort, en un éclair, a le temps de voir briller la lame qui va l'assassiner et de jeter un dernier regard furtif dans le blanc de l'œil de son esclave en fuite, avant qu'il disparaisse dans une ruelle. Eugénie tombe à terre, devant une de ses cousines, traversée en son cœur par le pieu tranchant. Horrifiés, tous regardent l'être qui se vide de son sang et de son énergie vitale. Ses yeux expriment encore la surprise et l'effroi, tandis que le corps meurtri tente de se relever, puis retombe en quelques soubresauts, auxquels succèdent d'ultimes spasmes, avant de se recroqueviller peu à peu, sur le côté, en position fœtale. Il se fige alors que les yeux se referment.

Chargé sur une charrette de bois trouvée dans une remise des écuries des princes d'Orléans, le cadavre d'Eugénie est lentement poussé et accompagné par la troupe décomposée, dont les jeunes filles sont en pleurs et les autres arborent un morne silence qui contraste avec le chatoiement de leurs costumes brillant à la lueur des flambeaux. La scène macabre et l'aspect du cadavre attirent malgré l'heure avancée dans la nuit une foule nombreuse en ces abords du Palais-Royal, qui vient aux nouvelles, inspecte, touche, mais surtout s'inquiète et s'alarme devant cette procession funèbre. Quel complot se cache derrière cet assassinat sauvage en plein Paris ? N'est-ce pas la première victime des poignards qui voudraient venger le roi et la reine contraints par le peuple à regagner la capitale ? Toute une série de rumeurs encercle bientôt ce cadavre, ramené à l'hôtel des Villemort par la rue Saint-Honoré et les ruelles du Marais, dans une ambiance d'émeute urbaine. Au milieu de dizaines de personnes inquiètes, et pour certaines vociférantes, un jeune grenadier se présente devant le convoi et dit avec fermeté : « Le peuple manque de pain et a peur, l'émotion est au comble. Quelle est cette femme poignardée ? » Le groupe décline l'identité de la victime. « Et qui êtes-vous pour l'entourer ainsi ? » Ils prennent soin de ne pas accuser l'aristocratie d'Eugénie et se présentent comme une famille éplorée et endeuillée. « Qui a assassiné cette femme ? Pourquoi les officiers de police ne sont-ils pas présents ? » Là encore, les cousins et cousines sont prudents, ne voulant déclencher aucun réflexe de peur ni rameuter les lieutenants de police. Ils prétendent qu'il s'agit d'une affaire familiale et que le meurtrier est un jeune parent dément que recherchent déjà activement les aînés des Villemort. Après inspection, le convoi peut poursuivre son chemin.

Bientôt, les bandes citoyennes du faubourg Saint-Antoine croisent la charrette et ralentissent à nouveau sa progression. Une foule continue de rôder auprès du cadavre à la pâleur surnaturelle. À tout moment, la violence peut éclater et virer au massacre. C'est alors qu'un homme se présente, un civil mais qui porte sur lui l'insigne d'un vainqueur de la Bastille, ce qui lui confère réputation et autorité sur la foule, même la plus suspicieuse. Son physique en impose, grand, large, presque difforme, à la tignasse épaisse et au bras gauche atrophié, ajoutant à son éclat le prestige d'une blessure, peut-être reçue lors de l'assaut contre la Bastille. Il se nomme : « Al-phonse de Mar-tain-ville », dit-il en détachant chaque syllabe de son patronyme, puis décline son statut symbolique et victorieux. Il ajoute, à la cantonade : « Les Villemort m'envoient pour ramener le corps de leur enfant. Épargnez ce cadavre ensanglanté et cette famille en deuil. Écartez-vous, laissez passer ce convoi funéraire... » La foule s'interroge, reste figée, puis, devant l'assurance de l'homme et sa condition de vainqueur de l'absolutisme, s'écarte et s'éloigne, allant inspecter d'autres drames. Le danger est passé, les bandes hostiles dispersées, le corps d'Eugénie peut gagner désormais l'hôtel particulier des Villemort, à l'angle de la rue de la Couture-Sainte-Catherine.

Louis et William de Villemort, le lendemain, veillent le corps dans le grand salon de l'hôtel transformé en chapelle ardente, tendu de draps noirs, éclairé de bougies. Le cadavre, lavé, a été disposé dans un cercueil ouvert. Eugénie, les yeux clos et les cheveux blonds disposés sagement de chaque côté de son front, est recouverte d'une grande chemise immaculée. Il demeure sur sa bouche la légère trace d'un rictus de surprise, expression qui fut son ultime réflexe en entr'apercevant son meurtrier.

William ne connaît guère sa jeune sœur, ayant quitté la France alors qu'elle était encore enfant. Peu de souvenirs, quelques beaux cadeaux adressés d'Amérique, mais la récente réputation mystique de la cadette des Villemort ne l'a pas bien disposé à son égard. Il est là par devoir, attendant l'arrivée d'Henry de Villemort qui, accablé par le drame qui succède à la mort de son fils aîné et au pillage de son château du Parisis, est en route entouré des siens. Louis, quant à lui, a partagé avec sa jeune tante, de trois ans sa cadette, bien des moments, et les souvenirs remontent à sa mémoire. Il est très affecté par cette mort même s'il n'approuvait pas les excès d'Eugénie. Ils avaient été proches avant de prendre leurs distances. Elle était la camarade de jeunesse, la douce sylphide du Parisis, la muse qui inspirait celui qui se rêvait poète. C'est Eugénie qui, par la grâce de longues promenades dans la campagne d'Île-de-France, entre brume, bois, rouge automnal, vallées profondes, et par cette formule quasi magique proférée à treize ans – « Tu devrais peindre tout cela… » –, a lancé l'apprenti écrivain vers son destin. « Je me sens naître à une existence nouvelle, écrit-il alors à William. Je ne sais quel souffle divin est passé sur moi, et je me suis mis à bégayer des vers comme si c'eût été ma langue naturelle ; jour et nuit, je chantais mes plaisirs, c'est-à-dire mes bois et mes vallons. » La pâle beauté mélancolique, la vierge de fable aux boucles blondes, la « grande et passionnée, inspirée et inspirante », selon les termes mêmes de Louis de Villemort, fut sa jumelle en amitié.

Sans doute, ensuite, Eugénie l'a-t-elle, *in fine*, beaucoup agacé par sa folle complaisance pour la mort, son entêtement mystique à faire de sa condition vampirique un destin de martyre, sa propension à vivre tantôt de solitude et de tristesse, telle une épreuve anorexique, tantôt d'excès, de folies mondaines et de messes noires, dépensant alors à profusion un argent qu'elle n'avait pas. Sans doute cette mythologie vampire vécue comme une passion sacrée n'était-elle pour lui qu'une régression dérisoire. Obsédée par cet acabit macabre, et sa mort prochaine, alors que sa condition vampirique lui promettait au contraire l'éternité, elle ne cessa de peser sur son ami d'enfance en le culpabilisant avec cette issue fatale, écrivant ainsi à son « neveu chéri » : « Ne te fatigue ni de mes lettres ni de ma présence ; pense que, bientôt, tu seras pour toujours délivré de mes importunités. » Et peut-être, aussi, que les dettes d'Eugénie, à hauteur de dix mille livres, dont son neveu était caution, le mettaient dans la gêne.

Louis sort de ses pensées à l'arrivée des Villemort. L'ancêtre est littéralement porté par ses enfants, François, Isabeau et Enguerrand, les parents avortons que Louis ne voit jamais sans grand dégoût. Ce quatuor dessine un groupe fin-de-race qui n'est pas pour rien dans l'aversion que Louis et son oncle William ont pour l'Ancien Régime qui s'effondre. Cette statuaire pathétique est suivie par l'apparition mieux portante d'un autre revenant, qui aide comme il peut les vieillards à s'approcher du cercueil où repose Eugénie : Alphonse de Martainville, l'homme qui a sauvé la charrette funèbre de l'émeute, revient dans l'hôtel particulier de Louis, dont il fut le meilleur ami, condisciple de collège, durant une partie de leur jeunesse commune, jusqu'à vingt ans, avant de se détourner violemment vers une autre idée de l'existence, tout en restant proche de la cadette des Villemort.

Louis, surpris mais atone, laisse faire, se retire de quelques pas vers le fond de la salle, en compagnie de William qui, lui, ne songe plus qu'à partir. Suit Ewa de Villemort, l'épouse, l'antique duchesse polonaise à laquelle ressemblait tant sa fille. Tremblante, voilée de deuil, elle est soutenue par les filles et petits-enfants d'Amaury, de François et de Gontran, qui sont nombreux et de tous les âges, mais dont aucun, jamais, ne s'est distingué par quoi que ce soit, fatalité grégaire d'une faiblesse rachitique et d'une débilité profonde qui n'aura épargné que William et Eugénie parmi les enfants, que Louis parmi les petits-enfants.

Henry de Villemort et sa femme s'effondrent sur le cercueil, les longues mains maigres s'agrippant aux mains fines et raides de la morte, ils poussent de courts et nombreux petits gémissements d'amour, des jappements pathétiques. Cela glace le sang de Louis, qui fait encore un pas en arrière, collé contre la paroi froide de la chapelle ardente. Après un long silence, un cri déchirant s'élève du fond du cercueil, poussé par l'ancêtre meurtri qui tient sa tête contre celle de sa descendante chérie. Il se redresse soudain, bousculant son épouse qui manque de tomber, et lance : « Qu'on vérifie cette mort ! » Louis s'avance pour donner des explications sur les circonstances de l'assassinat, mais à peine a-t-il pris la parole qu'Henry de Villemort la lui coupe et reprend : « Non, pas cela ! Ces aléas n'ont plus d'importance. Elle sera vengée quoi qu'il en soit. Non, je veux qu'on appelle ce corps et qu'on atteste la certitude de cette mort. »

Selon la tradition vampirique, on vérifie alors la mort. Henry de Villemort désigne un livre, que l'on apporte, il contient le protocole d'un rituel à suivre dans ses moindres détails. Les épreuves à faire subir au corps y sont précisées, afin que l'on soit certain de la mort, que l'on puisse maîtriser la terreur majeure du vampire : son enterrement précipité, qui le scelle encore vivant dans un cercueil clos, placé sous plusieurs pieds de terre, une prison terrible qui l'enferme dans une éternité maudite, son corps se rétractant peu à peu jusqu'aux os, qu'il faudrait réduire en poussière, disperser pour le libérer définitivement de ce sort effrayant. Mais, le plus souvent, personne ne vient mettre fin à cette tragédie qui conserve un corps en vie pour l'enfermer à jamais dans un cercueil de néant.

La première précaution est simple : « Qu'on place quelques heures le corps dans un lit, la tête légèrement élevée, sans gêner la vie par aucune ligature au cou ni ailleurs ; le visage à découvert et sans que soit fermée aucune ouverture naturelle. » Eugénie est donc déplacée dans sa chambre par Martainville et quelques hommes, déposée sur son lit, ensuite mise à nu par ses cousines pleurant à l'horrible spectacle de sa plaie béante. Douze heures passent, durant lesquelles le corps est veillé par les femmes, qui se succèdent pour parler à la morte à haute voix dans un salmigondis de prières, d'invocations et de cris de détresse. Deux médecins ont été conviés pour s'assurer de la mort absolue. Ils pratiquent, sous le regard insistant d'Henry et d'Ewa de Villemort, l'appel à forte voix, près du visage de la morte, à douze reprises chacun, puis des frictions énergiques à l'aide d'un mélange de vinaigre et d'eau bouillante, l'insufflation dans les narines d'une cuillerée d'esprit-de-sel mêlé à l'ammoniaque répandue sur une plume, trois scarifications sur les omoplates à l'aide d'un couteau effilé, trois piqûres de poignard aiguisé sous les côtes, et une brûlure sur le ventre faite avec un fer chaud appliqué profondément et longuement sur la peau. La morte ne se réveille pas.

L'étape suivante commence avec l'embaumement d'Eugénie, de son cadavre certain d'être cadavre. La plupart des ouvrages contre les inhumations précipitées préconisent cette disposition et les médecins appelés par les Villemort pour pratiquer l'opération rappellent qu'il s'agit de la meilleure garantie de purification du cadavre, lavé, éviscéré, parfumé, conservé grâce à un baume et des poudres selon la technique du docteur Pénicher, exposée dans son *Traité des embaumements*. Cela permet au cadavre de ne pas dégénérer ni se putréfier avec le temps. Henry de Villemort est attaché à la beauté préservée du cadavre de sa fille. Pour lui, l'embaumement est une forme de représentation idéale, l'aboutissement de son esthétique vampire, sa poésie funèbre. Il veut faire coïncider la certitude de la mort et sa beauté, transcendant par un sentiment sublimé l'image refusée de la décomposition. Puisque Eugénie est partie dans sa jeunesse, ce trésor de jouvence doit être conservé *ad vitam aeternam*.

Les médecins, qui ont fait déplacer le corps d'Eugénie de Villemort à l'extérieur, dans le jardin de l'hôtel, travaillent seuls, sous un auvent. Ils pratiquent une longue incision depuis la partie supérieure du sternum entre les deux clavicules jusqu'au pubis. Le sternum soulevé, les embaumeurs ôtent du corps tous les viscères, poumons, estomac, foie, rate, reins, intestins, œsophage, trachée-artère, langue, et ce qui reste du cœur, qu'ils lavent avec de l'eau et de l'esprit-de-vin avant de les mettre de côté. Les cavités vidées sont essuyées à l'éponge du sang ou des humeurs qu'elles pourraient contenir, lavées et frottées d'esprit-de-vin et de baume. Elles sont ensuite remplies de poudre conservatrice et d'étoupe imprégnée, puis recousues. La même opération est réalisée sur le crâne, dont on doit scier la calotte pour enlever le cerveau. Les yeux sont ôtés, remplacés par des billes de verre, et tous les orifices sont nettoyés et remplis de poudre et d'étoupe. On traite ensuite le dos et les membres, dont les vaisseaux sont ouverts par de larges incisions afin d'être vidés de leur sang – quant à lui soigneusement récupéré –, puis conservés grâce à la poudre et au baume, refermés enfin avec fil et aiguille après avoir été frottés et bassinés au vin aromatisé. Les incisions pratiquées sont, ultime opération, lavées, frottées, farcies de poudre fine et recousues.

Une semaine plus tard, les Villemort enterrent Eugénie à la chapelle du château princier des Condé, près de Chantilly, puisque celle de Parisis a été trop endommagée par les pillages récents de la Grande Peur. L'impression est immense, accentuant le drame du deuil. Le cercueil est porté à bout de bras dans l'église tandis que les cloches sonnent le glas. Il est suivi par les époux Villemort, puis les enfants, l'ensemble des cousins et cousines, les familles alliées et affidées, et un grand concours de peuple des campagnes voisines. Des hommes entourent le convoi, marchant aux flambeaux, l'arme basse. Un groupe de musiciens et de tambours, en queue de cortège, joue des hymnes funèbres. Le cadavre d'Eugénie, à découvert dans le cercueil non clos, est placé dans le chœur de la chapelle. Les gardes du prince de Condé tirent une salve d'adieu qui fait un bruit terrible, à faire trembler les murs. On croit même qu'ils s'écroulent quand une pierre détachée de la voûte par la commotion fracasse la tête d'un des soldats, jetant le sang là où est le cercueil. Cet accident ajoute une pensée noire à la solennité lugubre, comme si Eugénie, dans l'éclat préservé de sa beauté, descendait devant l'assemblée chez les morts.

William de Villemort est présent, accompagné de Louis, d'Equiano, l'esclave qu'il a affranchi, et du domestique mulâtre d'Eugénie, Télémaque. Cette provocation, au milieu des aristocrates, alors qu'un esclave de même race est soupçonné du crime, n'est pas sans courage. L'atmosphère est électrique. Pour cette petite armée de nobles obsédés par leur rang, la présence de ces deux Noirs aux côtés de William semble une insulte intolérable. Louis s'avance et prend la parole pour parler de sa jeune tante, qui fut si proche. Il la spiritualise, évoquant une « créature céleste », un « ange exilé sur cette terre », comme si leur communion d'enfance ne pouvait tenir que du miracle. Il expose sa culpabilité : « J'étais absent lorsque ma sœur mourut », déplore-t-il en tremblant d'émotion. Pour lui, la seule manière de la retrouver, et de réparer cette faute de l'avoir laissée mourir seule, est d'édifier ce tombeau littéraire.

Tous écoutent ensuite l'évêque de Chartres, qui ordonne les funérailles et parle d'Eugénie comme d'une victime de la Révolution et du renversement anarchique des anciennes hiérarchies, lâchement poignardée par son « esclave nègre ». Une violence froide plane dans l'air, puis la tension monte, des éclats de voix couvrent bientôt la parole de l'évêque. Une dizaine d'entre les plus forcenés parmi les aristocrates présents, menés par Martainville, éloignent bruyamment William et ses amis noirs en les poussant vers un des coins de la grande chapelle. Louis s'interpose, mais il se fait frapper. Le visage en sang, il quitte les lieux avec son oncle, qui entonne un chant de guerre indien. L'évêque de Chartres continue le cours de son sermon. Les Villemort restés maîtres des lieux reprennent en chœur le cantique *Au cœur de nos détresses* :

« Au cœur de nos détresses,
Aux cris de nos douleurs,
C'est Toi qui souffres sur nos croix
Et nous passons sans te voir… »

Enfin, vient la mise au tombeau, au château du Parisis. Henry de Villemort a fait édifier une sépulture avec les restes du cabinet des porcelaines, où Eugénie aimait s'isoler de son vivant. Sa fille y est enfermée éternellement mais comme si elle allait marcher, le corps maintenu vertical dans une espèce de corset d'acier, vêtu d'une chemise ornée des armes de la famille, le visage serré d'une calotte nouée d'un ruban noir attaché sous le menton, des gants blancs aux mains, les plus vulnérables aux attaques de la corruption, le tout placé derrière une vitre transparente, comme si le malheureux ancêtre avait voulu passer sa vie à la contempler. Des parfums brûlent jour et nuit dans la cavité et la dépouille est présentée pour être visitée. Au plafond, un lustre à armature baroque, où sont suspendues des gouttes en porcelaine de Chine, veille à jamais sur le corps.

À Paris, à la fin du mois d'octobre 1789, Alphonse de Martainville réunit dans l'hôtel particulier de sa maîtresse, la veuve Anne-Désirée de Brosses, au 31, rue de Miromesnil, quelques amis qui sont, à titres divers, prêts à s'engager dans l'action contre la Révolution. Un certain nombre d'aristocrates ont émigré en juillet, après la prise de la Bastille, mais les autres ont été choqués par les scènes d'émeutes et de massacres qui, pour la première fois dans l'histoire du château, ont ensanglanté Versailles jusqu'à la porte même de la chambre de la reine. Pour certains d'entre eux, il est temps d'agir.

Parmi ces défenseurs de la monarchie traditionnelle, sont présents autour de Martainville quelques députés, l'abbé Maury, le comte d'Epré-mesnil, le vicomte de Mirabeau, frère cadet de l'orateur patriote, Jean-Baptiste de Lubersac, évêque de Chartres, des soldats tels le chevalier de Villers, le marquis de Buffang, le comte d'Anton, et des journalistes du « parti des rieurs », Boufflers, Champcenetz, Martainville lui-même. Enfin, le duc Henry de Villemort a sa place au centre de ces premiers conjurés nobles, venu en compagnie de ses fils François et Enguerrand. Il n'a pas le pouvoir politique des députés, qui peuvent, de l'intérieur, tenter de subvertir l'Assemblée nationale, du moins ralentir ses travaux, protester contre les lois portant atteinte à l'autorité du roi ; il n'a plus la force de manier l'épée ; il n'est guère adepte du rire comme arme satirique tournée contre les prétentions révolutionnaires et les personnalités patriotes. En revanche, il exerce sur tous un pouvoir de fascination dû à son âge, à son expérience, à son titre, à son intelligence toujours vive, précise, et à l'autorité qu'il tient de l'idéologie raciale du sang pur, maîtrisée par lui mieux que par quiconque. Quand Henry de Villemort parle, même sans ouvrir la bouche, d'une grimace, d'un regard, parfois d'un simple hoquet, tous se taisent, l'écoutent et approuvent.

Alphonse de Martainville fait partie de ces nobles tombés sous le charme vénéneux du duc de Villemort. Le hobereau de province a rencontré il y a quelque temps la famille vampire, *via* son plus brillant rejeton, Louis, dont il fut le coturne à l'internat du collège Louis-le-Grand. Là, deux élèves se rencontrent et deviennent amis, histoire banale et toujours recommencée des effusions juvéniles. Martainville est né à Guise en 1763, l'aîné d'une famille nombreuse nobiliaire mais peu fortunée qui place toute son ambition dans les capacités dont il fait montre précocement. On en fera un homme de loi, un avocat. Pourtant, les deux étudiants ne se ressemblent pas. Martainville, l'aîné d'une année, porte des habits en gros drap, ses souliers sont épais, sans distinction, ses manières sont gauches et son visage ingrat. Il n'est pas beau, la tignasse noire, le teint sombre grêlé, les traits irréguliers, la grande et large silhouette bizarre : une grosse tête, plantée sur des épaules remontantes, de sorte qu'il donne l'impression d'être bossu ; un buste énorme, mal soutenu par des membres inférieurs maigrelets ; sa main gauche est d'ailleurs une manière de moignon. Il affiche longtemps l'air rustaud d'un monstre provincial. Cela contraste avec la fine beauté et l'allure svelte mais virile de Louis de Villemort, l'une des fleurs du collège Louis-le-Grand, camarade plus huppé, que son père vient faire chercher parfois en carrosse.

Le jeune Villemort fait montre d'une belle vivacité d'esprit, d'une grande culture classique, érudite et littéraire, fasciné par l'antique dont il reproduit les exemples et les façons, puisant dans le « miel athénien », se nourrissant de « moelle romaine ». Martainville, lui, se forge un caractère par la plume davantage que par le verbe. Car le jeune homme bredouille et hésite souvent au début de ses phrases, surtout lorsqu'il est intimidé, bientôt surnommé « Monsieur Hon Hon » par ses proches. La solennité un peu ostentatoire de Villemort se mesure à l'esprit souvent drôle de Martainville, au point que le premier dirige les lectures et les débats, que le second corrige, affine, relance, amuse avec une complicité ludique. Leurs causeries juvéniles sont déjà graves, chargées des affaires du temps, portées par l'espoir de réforme ou l'attachement à la tradition. Louis considère très vite celle-ci comme obsolète, même si elle dure encore, et il est persuadé de vivre dans un monde trop vieux. L'adolescent Martainville est moins déterminé de ce point de vue.

Les deux étudiants, devenus des hommes, sont licenciés en droit, en 1781 pour Martainville, à dix-huit ans, et deux ans plus tard pour Villemort, à dix-neuf ans. Ils prêtent serment comme avocats : le premier part exercer à Arras au conseil provincial d'Artois, le second au Parlement de Paris, où sa famille lui a acheté une place, fort onéreuse. Ensemble, ils ont beaucoup appris et, à vingt ans, tentent de se frayer en parallèle un chemin dans la société d'Ancien Régime.

Ce n'est qu'en octobre 1789 qu'ils se retrouvent, alors qu'ils ont plongé tous deux dans le fleuve révolutionnaire. Mais pas tout à fait dans la même eau. Louis Villemort suit le courant des premiers républicains, de club en assemblée, attaché au modèle américain de son oncle William ; Alphonse de Martainville n'a pas, quant à lui, renoncé à sa particule : il l'a mise au service de la guerre du rire menée par certains jeunes nobles contre la Révolution, une guérilla comique dont il est un des héros. Martainville est un journaliste célèbre dès l'été 1789, lançant ses *Déjeuners de l'Assemblée nationale* et *Les Actes des apôtres* dans le tumulte frondeur. Sa plume est mordante, trempée dans le fiel du bel esprit aristocratique, caustique, redoutable et redoutée. Il persifle contre les députés patriotes, qu'il décrit bouffeurs et ridicules dans ses *Déjeuners* ; et dans *Les Actes des apôtres*, il se moque des « nouveaux apôtres » d'une ère qui se croit inédite, pourvus de la prétention de régénérer la France entière en la faisant marcher au pas et en lui imposant des réformes aussi inutiles que ridicules. Son fait d'armes le plus réputé : avoir profité d'une homonymie avec un des vainqueurs de la Bastille, tôt disparu, pour prendre sa place, sa médaille, son diplôme, et faire lors d'un discours officiel sur la ruine du bâtiment, le 14 août, sous le regard des autorités parisiennes, l'éloge culotté d'une forteresse « qui ne faisait de mal à personne », ne contenait après tout que sept prisonniers, et témoignait finalement de la grandeur de la monarchie, tandis que le massacre de son gouverneur révélait au contraire la vraie nature du nouveau pouvoir, son règne par la violence.

C'est un joyeux et beau scandale, dont toute la presse royaliste parle avec délectation. Mieux même : Marie-Antoinette aurait éclaté de rire, ce qui ne lui arrive pas souvent en ces jours de tension quasi quotidienne. C'est à ce moment-là qu'Henry de Villemort se souvient du jeune et brillant ami de son petit-fils et lui fait passer un billet pour le rencontrer. L'ancêtre des Villemort est ravi de ces prises de position qui diffèrent tant de celles de Louis – qu'il admire mais qui le déçoit –, étonné par cette audace, impressionné par cette faconde et cette plume. Le duc lui propose, lors d'une conversation au château du Parisis, tout début octobre 1789, de réunir un groupe de jeunes aristocrates prêts à en découdre, par la parole, par la plume et par l'épée, contre le nouveau régime.

Henry de Villemort stipendie alors ces talents, promouvant journaux et libelles, un véritable atelier d'écriture aristocratique, armant les petites troupes. C'est Martainville qui baptise cette société conspiratrice traditionaliste : les « Chevaliers du poignard ». Heureux de leur trouvaille, ils soufflent sur les braises de la mutinerie après les journées d'octobre, ayant beau jeu de dénoncer la régression barbare et infantile du peuple massacreur de Paris.

L'amitié entre Louis Villemort et Alphonse de Martainville s'est donc défaite à distance. Ce ne fut pas sans un dernier clin d'œil, quand le second lance dans son journal à l'adresse du premier, à propos d'une anecdote où Louis aurait, selon le libelliste, traité le dauphin de « marmot » : « Si tu insultes notre roi et sa descendance, tu devrais saluer au moins un ancien camarade d'une légère inclination de tête. Je ne t'en aime pas moins parce que tu es fidèle à tes principes, si tu ne l'es pas autant à l'amitié. Mais attention, ma patience royaliste a des limites et l'amitié n'efface pas tout ! Tout doux, tout doux, mon jeune ami, la République est loin d'être à sa place dans le beau royaume de France ! » Le plus jeune des Villemort ne relève pas le gant à cette occasion. Mais le duel ne fait que commencer. Et rien n'est plus blessant que les amitiés trahies.

Le premier complot des Chevaliers du poignard, à la fin d'octobre 1789, vise Jean Jacob, l'ancêtre du Mont-Jura, le réputé « doyen de l'espèce humaine ». Pourquoi s'attaquer ainsi à un vieux débris ? Quand il se présente devant les députés de l'Assemblée nationale, le 23 octobre, il a cent vingt ans. Jean Jacob est né en 1669, au hameau de La Charne, près de Lons-le-Saunier, dans le Jura.

Il a connu trois rois, la presse s'extasie devant tant de longévité. C'est en 1785 qu'il apparaît pour la première fois sur le devant de la scène : sa fille, Pierrette, couturière elle-même âgée de près de quatre-vingts ans, réclame au ministre Vergennes un « secours annuel » pour subvenir aux besoins de l'homme de « cent quinze ans et dix mois ». En France, le roi est traditionnellement le protecteur des centenaires, qui, s'ils se déclarent à son administration, bénéficient de sa bienveillance. La manne tombe : Vergennes accorde deux cents livres de rente annuelle et, puisqu'il est vraiment si vieux, une gratification extraordinaire de mille deux cents livres. Son cas, une fois connu, devient une curiosité. Plusieurs journalistes font le voyage du Jura pour le rencontrer et proposer le récit de cette existence incomparable. La vie de Jacob est désormais nationale. On le surnomme « le serf du Jura », illustrant l'état de servitude prolongée de certains paysans français, état dont il n'a été affranchi qu'à la fin de sa vie. Pour les journalistes patriotes, il devient politique et témoigne de ce long esclavage qu'ont eu à subir les Français sous la monarchie absolue. En 1789, Jean Jacob aborde un nouvel état symbolique ; il est aussi bien l'être de la continuité des temps que la figure célébrant la rupture décisive. La fable est belle : l'âge d'or vient à la rencontre de la Révolution.

À la mi-septembre 1789, ses proches le conduisent à Paris. L'arrivée de ce Mathusalem fait sensation ; on se l'arrache. Le 11 octobre, il est présenté à son protecteur naturel, Louis XVI, qui, entouré de la reine et du dauphin, se saisit de l'occasion pour sa propagande : il souligne ainsi l'harmonie qui règne entre le bon roi et les Français. Le 23 octobre, le président de la Constituante lui fait les « honneurs de la séance », rapportés par le *Journal des débats* : « M. l'abbé Grégoire demande qu'en raison du respect qu'a toujours inspiré la vieillesse, l'Assemblée se lève lorsque cet étonnant vieillard entrera. Cette proposition est accueillie avec transport. Jean Jacob est introduit ; il marche avec des béquilles, conduit et soutenu par sa famille ; il s'assied dans un fauteuil vis-à-vis le bureau et se couvre. La salle retentit d'applaudissements. » L'image est presque trop belle, elle sera gravée en nombre et affichée dans les écoles : le doyen des Français vient saluer l'Assemblée, qui a rendu les Français égaux en mettant fin à tous les privilèges.

Henry de Villemort prend immédiatement en haine viscérale ce vieillard paysan, qui le fascine par ailleurs. Il pense, et il n'est pas le seul, que c'est un imposteur, et il y voit en définitive un rival : en négatif, son concurrent sur l'échelle du grand âge et son opposant dans le domaine des symboles politiques. Ce sont deux survivants de l'Histoire, mais le duc et vampire fait face au serf ; la pyramide des âges est la même mais la mythologie s'inverse. Villemort a le sens des symboles, c'est l'une de ses forces. Il est traditionnel dans ses idées mais moderne par sa stratégie politique. C'est pourquoi il propose d'enlever et d'éliminer Jean Jacob.

Le plus que vieillard a été pris en charge par un député de Paris, le patriote Léonard Bourdon, auteur d'un *Plan d'un établissement d'éducation nationale*, dans lequel il expose ses idées pédagogiques. Il a fondé une école, la Société d'émulation pour l'éducation nationale, dont certains élèves sont des orphelins de pères tués lors de l'attaque de la Bastille. Le doyen Jacob vit là, au sein de l'école, rue des Gobelins, avec quelques membres de sa famille, sorti régulièrement sur sa chaise roulante pour servir à l'édification des plus jeunes, telle une incarnation de la concordance des temps. Il n'a rien à faire qu'à survivre et apparaître parfois. La plupart du temps, il dort, il somnole, il gémit, appelle d'un signe l'un de ses proches, qui accourt pour rien, puis s'assoupit de nouveau.

Pour les Chevaliers du poignard, c'est un jeu d'enfant d'enlever Jean Jacob. Il n'est ni surveillé ni protégé, les petits sont en classe, leurs maîtres occupés, le directeur de l'établissement à l'Assemblée, et la famille va le tout-Paris pour récupérer des subsides en vendant la fable de la Révolution et du vieillard. Martainville et ses hommes de main, le chevalier de Villers, le marquis de Buffang, le comte d'Anton, s'introduisent en fin de matinée dans le bâtiment de la rue des Gobelins, et passent le gardien, surpris, qui ne laisse pas même échapper un cri, au fil de l'épée. Un plan de l'école, publié par Léonard Bourdon dans tous les journaux, indique précisément où se trouve la chambre du doyen. Ils la trouvent et l'ouvrent discrètement : Jacob dort, ils l'embarquent. Dehors, une voiture anonyme, tirée par quatre chevaux, les emmène, tandis qu'un arrière-cousin du vieillard sonne l'alarme, trop tard. Fouette cocher, direction l'hôtel de la rue de Miromesnil, épicentre du complot.

Là, Henry de Villemort, assis confortablement dans le salon principal, attend son plus vieil adversaire, qu'il n'a jamais vu. Jean Jacob ne retrouve pas tout de suite la conscience, bien trop secoué par le trajet. Mais, présenté au duc, il ouvre un œil. Il ne comprend sûrement pas ce qui lui arrive. Le vampire, comme d'un rival dérisoire dont il triomphe, a planté ses crocs dans sa gorge et le boit. Le cadavre est abandonné aux abords du Palais-Royal, un poignard enfoncé dans le dos, qui porte l'effigie d'un chevalier casqué, le panache blanc, le poignard à la main droite et la lance traditionnelle à la gauche, un bouclier aux armes de la royauté française au bras.

IV

D’un monde l’autre

La neige d'un décembre rigoureux recouvre l'hôtel des Villemort. Dans une grande chambre, William et Louis sont étendus sur un lit ouvert, les draps défaits, à demi nus, des traces de sang aux lèvres. Au pied du lit gisent les restes d'un seau de sang et des bols blancs maculés. Une large trace rouge traverse le parquet, partant du seau et aboutissant à un corps, pantin désarticulé laissé dans un coin de la pièce, un jeune homme livide portant au cou la plaie de son égorgement. Les deux hommes repus somnolent sur le lit, mais les voilà soudain agités de spasmes, comme secoués par une vie intérieure intense, envahis de visions. Le plus souvent, ils demeurent abattus et inertes, même si une caresse s'esquisse parfois, de l'un, de l'autre, sur une nuque, sur une épaule, sur une fesse. Une heure passe ainsi.

Brusquement, William, pris d'un fort tremblement, se redresse et vieillit. Sa peau fane, verdit ;

des rides apparaissent, nombreuses, des taches sombres également ; ses ongles poussent. Il mue en quelques secondes en un vampire de tradition, vieillard rejoignant l'apparence de son père. Louis, quant à lui, demeure jeune ; il semble même rajeunir, ses yeux brillent ; il est tendu, comme si son corps se trouvait animé d'une énergie régénératrice. Tandis que William sombre dans le sommeil, Louis se lève ; il a senti quelque chose. D'un bond, il va à l'une des fenêtres donnant sur la rue, regarde, ne voit rien. Bientôt passe une escouade de la garde nationale dans la rue des Francs-Bourgeois, des « habits bleus » sanglés, marchant en rythme, impeccables. Louis s'habille de noir. Alors qu'il va sortir de la pièce, abandonnant William à sa léthargie, il considère un instant le jeune homme mort, se penche vers lui, l'inspecte et, du revers de sa veste déchirée, arrache une cocarde noire, signe de ralliement des royalistes. Elle est en partie maculée de sang. Louis la porte à son visage, la renifle, puis la jette dans un coin de la chambre.

D'un pas résolu, il traverse l'un des grands salons attenants, où Equiano et Télémaque sont en pleine discussion, parlant en kreyol avec un jeune Noir. Celui-ci est en train de les informer sur l'esclave en fuite et sa cache parisienne. Louis les interrompt, fait signe à ses deux amis, leur explique la situation de William et du corps sans vie, puis s'assied dans la pénombre d'un coin de la pièce, tandis que le jeune Noir, apeuré, tremble de tout son long, refusant de parler s'il ne reste pas seul avec Equiano et Télémaque. Le premier lui répond que l'intrus ne parle pas leur langue. Le jeune Noir, buté, s'enferme dans le silence. Soudain, pris de panique, il s'échappe, courant jusqu'à la chambre de William où gît le jeune homme égorgé ; terrifié par cette vision macabre, il s'élance à travers la fenêtre et s'écrase cinq mètres plus bas.

La neige, qui continue de tomber, commence à recouvrir le corps quand Equiano et Télémaque viennent le palper et le secouer. Le jeune homme revient à lui, sa chute ayant été amortie par l'épais tapis blanc. Quand les trois remontent dans le salon, William est sorti de sa torpeur après avoir recouvré son apparence habituelle. Il s'approche du jeune Noir qui, allongé sur un sofa, reprend ses esprits, et lui parle doucement en espagnol, presque tendrement, comme s'il s'agissait d'un fils. Il veut savoir, lui aussi, où se cachent tous les esclaves affranchis, tous les hommes de couleur des Caraïbes, qui arrivent nombreux à Paris.

Entre William et Louis tombe la foudre. La séduction, l'énergie politique, l'attirance physique y flirtent avec l'amitié du cousinage. « Il est d'une beauté finement héroïque, écrit ainsi William à propos de Louis à son associé resté à Boston. Avec sa peau blanche, légèrement rosée sur les joues, ses cheveux bouclés, ses traits fins, presque féminins, sa haute stature bien faite, sa barbe naissante d'un blond doré, ses yeux couleur vert de mer, avec sa voix retentissante comme un son de trompette, ses gestes excessifs, il ressemble aux jeunes chefs gaulois qui luttèrent contre les armées romaines. » Louis Villemort n'est pas en reste, et lui aussi mêle l'attrait physique, la clarté du verbe et l'admiration pour décrire cette amitié avec son oncle : « C'est une bonne et grande nature à laquelle je me suis accroché comme à une boussole. Il y a entre nous deux trop de points communs dans l'esprit pour que nous nous manquions. Voilà à peine un an que nous nous connaissons vraiment, c'est comme s'il y avait un siècle ! Tant nous avons vécu ensemble et tant nous nous reconnaissons… » Et Louis d'avouer à William, dans un mot griffonné à la hâte : « Tu ne saurais croire comme je t'aime, pauvre vieux, de plus en plus l'attachement que j'ai pour toi augmente. Je me cramponne à ce qui reste. »

C'est également une amitié garçonne : des discussions pleines de récits d'exploits sexuels, de chansons, de visions érotiques, de plaisanteries, de farces, témoignant d'une camaraderie virile qui vire parfois aux « baisades » partagées, aux tournées des bordels, aux séances de masturbation, aux échanges de bonnes adresses, d'amants et de maîtresses d'occasion. L'amitié est gaillarde, servant, pour le plus jeune, à se guérir de l'amour des femmes qui rêvent d'absolu, voire de mariage, ou, pour son oncle, des amants qui s'accrochent et ne font que du tort.

Ce qui, enfin, les rapproche secrètement est la dépendance au sang dont ils souhaitent tous les deux s'affranchir, liquide vital et vénéneux formant le fluide maudit de leur amitié. Parfois, ils craquent, fondent sur une proie jeune et belle, un garçon de préférence, pour le boire de concert en une orgie précipitée, clandestine et païenne. Ils s'en veulent de suite, regrettent, jurent de mettre fin à cette pratique d'un autre âge et savent qu'ils y parviendront mieux ensemble, liés dans le sevrage comme dans la dépendance. Louis est plus volontaire et plus fort que William, plus jeune aussi, comme un homme nouveau que la Révolution prendrait au vol, arracherait à sa destinée ; tandis que l'aîné a grandi dans les cercueils du sang vampire, qu'il a pour ainsi dire sucé avec le lait. Louis croit à un renouvellement idéal de sa nature par la puissance de l'événement révolutionnaire. La Révolution peut extirper la racine des abus, des vices, régénérer les mœurs, purifier son sang. Elle est une sorte de transfusion bienfaitrice et salvatrice : un sang corrompu remplacé par un neuf. Louis est comme un esclave courbé qui brise ses chaînes et se redresse, un endormi qui se réveille, un *Homo novus* qui travaille à sa propre innocence.

Pour William, tout résiste plus, et cette transformation de l'être ancien en révolutionnaire, du vampire en vertueux, du vieillard sanglant qu'il abrite en un homme inédit, est une tâche des plus ardues. Les forces du vampirisme l'assiègent, il les sent. Son passé ne peut pas être anéanti ni oublié en un jour, ce jour fût-il le plus glorieux. Ce remodelage est un long et pénible travail à entreprendre, comme s'il fallait, à force de volonté et de rigueur, se purifier et se purger, résister coûte que coûte à la tentation de sa race.

Aussi, pour les deux hommes, amis, complices menant dans un même élan deux régénérations parallèles, la politique figure la meilleure des planches de salut. Car là on s'engage, on s'oublie, on se précipite, on plonge dans un autre fleuve, non pas celui qui ramène au passé mais celui qui emporte tout sur son passage et transporte.

Au café de Foy, longeant le Palais-Royal, des numéros 57 à 61 de la galerie Montpensier, on entre par une jolie porte étroite encadrée de boiseries d'or. Là, vous accueillent les Joussereau, qui proposent, pour assez cher, glaces, boissons et rafraîchissements. Si l'on traverse la grande salle occupée par une trentaine de tables, on peut atteindre, derrière une discrète cloison, une arrière-chambre, qui semble petite au premier regard mais, quand l'œil s'habitue et que l'obscurité s'éclaire, s'élargit à quelques tables, des chaises, des bancs. Quarante mètres carrés tout au plus. Une femme circule et porte des pintes, ou du tabac à priser, à ceux qui en demandent. C'est là que se rencontrent les premiers membres d'une nouvelle société patriotique, qui vient de prendre pour nom la

« Société des droits de l'homme », et que s'invente la politique, dans la discussion, brouhaha constant de discours, de propositions, de répliques et de contre-discours. Les prises de parole se succèdent, s'adressant à la cantonade et à la cinquantaine de membres présents, tandis que, à certaines tables, des petits groupes discutent plus particulièrement entre eux pour comprendre le coup reçu et préparer le suivant.

Dans l'un de ces groupes attablés, Louis Villemort parle avec des patriotes et la discussion est animée. William se tient en retrait, prudent, prêt à venir à l'appui de son neveu s'il arrivait à manquer d'arguments. Tous parlent du veto du roi, le sujet du moment, le sujet qui divise. Deux discours se font entendre : pour ou contre la sanction des lois et des décrets de l'Assemblée nationale par le roi. Louis et William sont contre et tentent de convaincre ceux de leurs amis qui hésitent encore. Louis s'emporte et lance les idées fortes, William procède par plus petites touches, recadre, reprend, ajuste. Les deux se complètent, efficaces.

Quand un nouvel intervenant prend la parole, il s'installe rituellement au milieu de la table, qui est, à peu de chose près, le milieu de la salle. Par routine, puisqu'ils reviennent plusieurs fois par semaine, William et Louis se sont installés à la gauche de l'orateur, y attirant leurs partisans. En face, s'assoient leurs adversaires, les partisans du veto. C'est sans doute lors de ces affrontements oratoires du café de Foy que s'invente la bipartition de la politique en France. À petites habitudes, grandes conséquences… Ainsi, la droite est associée au roi, à la tradition, à la religion, au pouvoir. La gauche, quant à elle, est liée à la revendication, au mécontentement, à l'affranchissement des croyances et de la monarchie. Louis, quand il deviendra député, remarquera que cette répartition née sous ses fesses au café de Foy s'est étendue aux représentants de la nation, qui, à la salle du Manège, s'installent, quand ils sont hostiles à la Révolution, à la droite du président de l'Assemblée, « du côté de la reine », c'est-à-dire vers le château des Tuileries où réside le couple royal, et « du côté du Palais-Royal » quand ils défendent les idées nouvelles, à la gauche de la salle.

À la lueur jaune des réverbères, qui percent le brouillard de la rue Saint-Honoré, Louis et William de Villemort progressent au milieu du flot noir d'une foule qui va jusqu'à une petite porte ouvrant sur le réfectoire du couvent des Jacobins. C'est désormais là que, tous les matins, les ouvriers de l'émeute viennent débattre et faire de la politique. Le café de Foy, au bout de quelques mois, s'est avéré exigu, et les opposants trop nombreux – cela n'allait pas assez vite, la voie encombrée de tergiversations. Il fallait trouver un autre club. C'est dans ce lieu mal éclairé que se tient la nouvelle société révolutionnaire, la Société des amis de la Constitution, qui prend bientôt le nom du couvent où elle siège. Les lumières y sont fumeuses, et flottent dans l'air d'innombrables particules de poussière ou de bois. On n'y voit qu'à moitié, mais on cherche moins à voir qu'à écouter et à parler. La grande nef demeure sans cesse dans l'obscurité ; cependant, les éclats des voix résonnent ici mieux que nulle part ailleurs.

Ce jour, grande réunion, avec près de trente citoyens inscrits pour parler, dix fois plus autour pour écouter, réagir, juchés sur un léger gradin de bois branlant par endroits. Celui qui a la parole est en chaire, à l'ancienne, profitant de l'architecture intérieure de cette nef catholique, en face du président de la séance, perché à même hauteur sur une étroite estrade. Aux portes, pour viser les cartes et reconnaître le millier de membres, se tiennent deux censeurs-portiers. Nul homme du peuple n'entre ici. Les ouvriers et artisans viennent, mais à d'autres heures et dans une salle en sous-sol où l'on a fondé pour leur instruction une société fraternelle, qui leur explique la Constitution. Une société de femmes se tient également parfois au sous-sol. Dans la salle supérieure retentissent les opinions, après que les nouvelles des départements ont été données, celles des sociétés affiliées, et quelques accusations proférées. Il y a grand nombre de députés, et toujours les principaux apparaissent : Duport, les Lameth, Barnave, Robespierre, le duc d'Orléans. On trouve aussi des écrivains, Condorcet, Chamfort, Laclos, La Harpe, Chénier, Sedaine ; des peintres, David, Vernet, Lavis ; et quelques figures remarquables, Laïs le chanteur, et un beau jeune homme aux boucles rousses, Louis-Philippe, duc de Chartres, le fils du duc d'Orléans. Trois scribes et journalistes, Charon, Leroux et Révol, prennent en note les débats, afin qu'ils soient retranscrits dans le *Journal des clubs*, tribune extrêmement lue, et organe de liaison avec les « clubistes » de province. Tout circule ici : la mobilisation comme les rumeurs, les cris de Paris comme les mots d'ordre. L'angoisse de la ville y est palpable autant que se décrypte la conscience critique d'une cité en ébullition. Cette société est le cœur politique du Paris révolutionnaire ; là, on apprend la démocratie.

Louis et William, soudés, ont leur place sur le plus haut gradin, presque à égale distance de l'orateur et du président, sur sa gauche.

À leurs yeux, c'est le meilleur endroit pour apprendre et réussir. Les deux Villemort n'ont pas le même registre. William est homme de spéculations et d'expériences, il s'appuie sur sa science de la stratégie, sa mathématique de la prise de parole. Cela ne l'empêche pas de promouvoir des mesures hardies ou radicales, mais il le fait avec doigté, souvent dans l'ombre. « Politique de caverne ! » a lancé un jour Barnave à son encontre – le jeune député de Grenoble, le plus brillant des orateurs, ne l'aime guère pour cela. Barnave adore Louis au contraire, pour ses emportements, son audace, même si elle n'est pas toujours maîtrisée. Le plus jeune des Villemort pratique volontiers l'idiome exagérateur. Pour lui, il s'agit souvent du combat du merveilleux contre le terrible, de la lumière contre l'ombre. La Harpe, un jour, a dénoncé au club cette emphase, parlant de « fanatisme dans la langue française ». Louis l'a mal pris ; William l'a secondé, l'a calmé, l'a conseillé ; et le jeune jacobin a pu rétorquer : « Je ne parle pas la langue du fanatisme mais celle des effets, qui communique des flammes et permet de toucher les têtes les plus calmes, les moins instruites. Nous sommes dans un moment où tout s'élève et tout s'agrandit. Les comédiens ont forcé leur jeu, les écrivains leur style, les artistes leur trait, les héros leur cœur et les idées leur corps. La délicatesse est devenue énergie et la chaleur de l'enthousiasme est notre nouvelle respiration. Il nous faut cet idiome proportionné à la crue de nos idées. » Jamais Louis n'a mieux dit la langue qu'il veut parler, qu'il parle désormais devant ses pairs. Barnave, connaisseur, a applaudi ; William, non sans réticence, a compris ; La Harpe, pourtant brillant persifleur, s'est tu.

Le baptême du feu politique, pour les deux Villemort, a lieu lors des élections municipales. À Paris, elles se tiennent par districts au printemps 1790, puisque la nouvelle loi a créé ces magistrats municipaux. L'oncle et le neveu conquièrent leur première victoire et sont élus ensemble au comité civil par leur district des Blancs-Manteaux, dans le Marais, chacun avec plus de huit cent cinquante voix dans une assemblée réunissant un peu moins de mille membres. Là est le lieu effectif de l'action citoyenne, où s'exerce le pouvoir révolutionnaire, un espace d'initiation comme de proposition, d'organisation, de censure, de mobilisation.

Forts d'un premier mandat électif, ceinturés de tricolore, les voici de sortie pour la fête de la Fédération, au Champ-de-Mars, le 14 juillet 1790. Juste avant, ils ont, comme beaucoup de monde, participé aux préparatifs sur les remblais de l'esplanade transformée en chantier gigantesque. Étonnant spectacle : de jour, de nuit, des hommes de toutes classes, de tous âges, jusqu'à des enfants, tous citoyens, manient la pioche, roulent la brouette ou mènent le tombereau. Des orchestres ambulants animent les travailleurs des terrassements, chantant le fameux air niveleur qui met Paris en feu à cet instant :

« Ah ! ça ira, ça ira, ça ira,
Le peuple en ce jour sans cesse répète,
Ah ! ça ira, ça ira, ça ira !
Celui qui s'élève on l'abaissera,
Celui qui s'abaisse on l'élèvera.
Le vrai catéchisme nous instruira
Et l'affreux fanatisme s'éteindra.
Ah ! ça ira, ça ira, ça ira ! »

Tous sont unis dans la tâche : d'un plan horizontal de vingt-cinq hectares faire une vallée entre deux collines, avec en son centre la large piste encadrée d'un vaste amphithéâtre, le tout en une semaine.

Quand voilà enfin le 14 juillet, pour lequel tous ont trimé, il pleut... Toute la journée sans discontinuer, des averses, des rafales d'eau et de vent. « Le ciel est aristocrate », lance William, sarcastique, quand il s'assoit à côté de Louis sur les tertres, deux parmi cent soixante mille personnes. Devant eux se tiennent debout cent cinquante mille autres. On se fait signe, on se répond, par échos et clameurs, par rires et chants. Au milieu passe en début d'après-midi le défilé de cinquante mille hommes, dont plus de la moitié sont montés des départements, fédérés des provinces rejoignant l'ensemble des gardes nationaux parisiens, habillés de bleu et parés de tricolore. Au centre du Champ-de-Mars se tient l'autel de la patrie, près duquel siègent le roi et sa famille, Bailly et les principaux élus de la municipalité de Paris, ainsi que les députés de l'Assemblée nationale. La Fayette arrive sur son cheval blanc, accompagnant la garde nationale. Il met pied à terre, parle au roi, puis ouvre la cérémonie aux côtés de Talleyrand, l'évêque patriote d'Autun : douze cents musiciens entonnent l'hymne *Qu'il sera beau le jour de l'alliance des Français*, quarante pièces de canon y succèdent, faisant trembler la terre, et tous en chœur jurent fidélité à la nation. Ce mouvement de fédération enchante les deux Villemort, qui y voient la réalisation d'un rêve fraternel, la matérialisation harmonieuse d'une communauté idéale.

Le soir, une autre fête commence, carnavalesque et enivrante, alors que la pluie a cessé, presque miraculeusement. Pourtant, la Révolution n'aime guère la nuit, où tout se trouble, quand l'ombre protège les complots les plus funestes. Mais le nouveau régime ne peut pas complètement interdire la nuit... Les patriotes, même les plus ascètes et vertueux, savent que les Parisiens aiment rire et danser. À la tombée du jour, le 14 juillet 1790, un feu d'artifice tiré sur la Seine près du Pont-Neuf ouvre la « nuit tricolore ». Puis ce sont les façades de l'Hôtel de Ville qui s'allument, illuminations portant le serment de la Fédération reproduit en lettres de feu. Le « divertissement patriote » se prolonge en banquets et en bals. Les Villemort se rendent sur la place de l'ancienne Bastille où, dans un décor champêtre, un orchestre joue les airs à la mode, mâtinés de refrains révolutionnaires. Mais l'atmosphère y est un peu trop officielle, et ils vont chercher ailleurs le « plaisir citoyen », au bal de la Rotonde de la Halle où dansent soixante mille personnes, au bal de l'Hôtel de Ville, où ce sont cent mille Parisiens qui s'activent ; ils finissent la soirée au bal des Champs-Élysées, prévu pour plus de deux cent mille citoyens, autour d'un gigantesque mât de cocagne illuminé en bleu-blanc-rouge. À chaque heure, le canon y est tiré, déclenchant des ovations fantastiques. Après les deux coups de 2 heures du matin, et d'impressionnants roulements de tambour, une fanfare déboule du bas de la promenade élyséenne, précédant trois grands chars de fleurs tirés par des bœufs, d'où surgissent une multitude de femmes peu vêtues qui distribuent généreusement le vin en puisant dans des tonneaux sur lesquels sont assis des dieux Bacchus. On s'enivre puis on recommence à danser. Enfin, un immense bûcher éclaire la nuit tandis que les Parisiens et les Parisiennes s'embrassent.

Louis et William sont définitivement saouls. Le premier est occupé par deux jeunes femmes, descendues d'un des chars bachiques, qui ont déjà largement ouvert sa chemise pour le couvrir de baisers. Le trio danse en divaguant, croisant d'autres groupes qui titubent et tentent, eux aussi, de rester debout. Spectacle burlesque quand on le rapporte au défilé bien réglé qui ordonna le jour la fête du Champ-de-Mars.

William ne tient plus debout depuis longtemps. « Effondré » serait le juste terme, car il cuve son vin sans mot dire. Puis, d'un coup, il se lève, bouscule un couple sur son chemin, et va se jeter dans l'une des fontaines qui bordent la large promenade. Le bousculé n'est guère content et va lui chercher querelle. Mais quand il voit l'homme qui ressort de la fontaine, il recule, car William n'a plus rien d'un poivrot zigzagant. Dégoulinant d'eau froide, les yeux injectés de sang, les mâchoires serrées, et la cicatrice barrant sa joue gauche comme ravivée, en feu, il fait face. Louis, attiré par les éclats de voix, laisse ses demoiselles, s'approche et comprend ce qui se joue dans cette métamorphose, cette mue d'un révolutionnaire en libertin, puis de libertin en monstre. Le vampire n'est plus très loin. Il tente de le retenir par le bras, mais William se retourne et lui décoche un coup de poing qui envoie le cadet valdinguer à trois mètres, où les filles vont le récupérer, dans la boue engendrée par les pluies de la journée. William, décidé, s'en va seul à la recherche d'un garçon à dévorer dans les taillis des Tuileries, qui n'en manquent pas. Louis se laisse embarquer par les deux filles vers le Palais-Royal, où il rentrera chez lui après une longue halte au bordel du numéro 16 de la galerie Montpensier. Ce sont des filles d'un bon établissement.

Au printemps suivant, William et Louis, sous le titre et pseudonyme de *La Bouche de fer*, publient un journal au fort retentissement. Il est édité par Nicolas de Bonneville, dans l'imprimerie de la rue du Théâtre-Français, la souscription est de cinq livres par mois et le frontispice qui orne chaque édition porte une gueule de lion. Le premier numéro prend la forme d'un implacable pamphlet, *Le Républicanisme adapté à la France*, qui appelle à une dernière étape sur le chemin de la Révolution, sa transformation en république. Les deux Villemort y énumèrent les trahisons de la monarchie en France, tous ces moments de l'Histoire où la royauté s'est retournée contre la nation. Puis vient une profession de foi d'une énergie rare, se concluant par ces mots : « Nous éprouvons que l'absence d'un roi nous vaut mieux que sa présence. Fourbe ou idiot, il est toujours indigne. Nous sommes libres de lui, et il l'est de nous ; c'est un simple individu, M. Louis de Bourbon. La royauté est finie. Qu'est-ce qu'un office abandonné au hasard de la naissance, qui peut être rempli par un fou ? N'est-ce pas un rien, un néant ? »

William de Villemort, connu pour sa gloire américaine, met, grâce à ce manifeste, un pied dans la célébrité politique. Les hommes éminents le flattent et recueillent ses paroles. Il avait deux patries, la France et les États-Unis ; il en choisit pour sa réputation une troisième, la République. Louis, encore tendre et méconnu, profite de ce sillage pour apparaître à la lumière. Les gazettes et les réunions politiques parlent désormais de ce duo, « les » Villemort, placé haut dans les degrés de la notoriété ; là où il a ardemment désiré se situer : au cœur de la politique révolutionnaire.

Le bulletin de *La Bouche de fer* a été placardé par un républicain sur la porte de l'Assemblée nationale. L'un des principaux députés royalistes,

Malouet, arrivant au matin, le voit, le lit, puis entre effaré dans la salle, demande qu'on en arrête sur-le-champ les auteurs. Pétion, qui préside la Constituante en ce jour, entend cette dénonciation et propose : « Avant tout, lisons le bulletin. » Malouet commence... Les tribunes, et certains députés du côté gauche, applaudissent à tout rompre des passages que Malouet juge, lui, indignes et intolérables. Il s'interrompt, comprend sa faute, jette le libelle, l'écrase d'un pied rageur et lâche : « On doit mépriser l'œuvre de ces insensés ! » L'Assemblée reprend ses discussions sur le Code pénal mais, de l'extrême gauche, dégringole des gradins une flopée de députés, qui s'engouffrent vers la sortie. Une fois dehors, le brouhaha est étonnant ; les rires, même les hurlements de joie, sont sur toutes les bouches. Le parti des républicains s'est compté ; ils ne sont pas majoritaires, loin de là, mais ils ont joué un joli coup.

Le coup suivant est plus retentissant encore, mais les Villemort n'y sont pour rien : le roi a fui avec sa famille et a eu la maladresse de se faire arrêter en chemin, à Varennes. Pour les premiers républicains de Paris, c'est pain bénit. Vers 9 heures du matin, le 21 juin 1791, William et Louis, alors qu'ils sont à l'hôtel de la Couture-Sainte-Catherine, entendent sonner le tocsin, rouler les tambours et tonner les trois coups du canon d'alarme. La nouvelle rassemble les Parisiens dans les rues, aux Tuileries qu'on visite en masse pour constater le château vide. William et Louis se rendent précipitamment rue du Théâtre-Français, chez Bonneville, pour écrire leur journal, non sans être passés auparavant aux Jacobins pour plus d'informations. C'est la stupeur et l'indignation, la peur aussi puisque l'on ne sait pas encore que Louis XVI ne passera pas la frontière. « Frémissez, citoyens, dit ce bulletin de *La Bouche de fer* écrit dans l'urgence, la patrie est en danger ; l'orage gronde sur vos têtes ; le roi part pour l'Empire se mettre à la tête de plusieurs milliers de soldats autrichiens et aristocrates sanguinaires révoltés contre votre Constitution. Ce roi, qui peu de jours avant avait juré une fidélité inviolable à tous vos décrets, se met aujourd'hui à la tête d'une conspiration où il croit sans doute que le sang va couler. » L'alarme est dans tous les esprits.

Dès qu'on apprend, le lendemain, l'arrestation du roi, puis son piteux retour, l'atmosphère change du tout au tout : grande peur le 21 juin, froide colère lorsque le convoi royal revient, au pas, en plus de trois jours, jusqu'à la capitale. Le peuple de Paris accueille gravement le monarque en silence, impressionnant silence : un demi-million de personnes se pressent autour de la berline, escortée par trente mille soldats, le 25 juin en fin de journée. Les Villemort y sont, bien sûr, et voient passer les voitures au niveau de la porte Saint-Denis, attablés au premier étage, près d'une fenêtre, chez Josse, le restaurateur qui donne sur le début de la rue du Faubourg-Saint-Denis, numéro 16. William écrit déjà la diatribe qui paraîtra le lendemain matin, tandis que Louis laisse éclater, dans la même édition, sur la troisième page, sa joie railleuse, transformant l'équipée malheureuse en cortège grotesque. Sous un cochon qui s'empiffre et porte une dérisoire couronne – dessiné et gravé par Bonneville –, il compare le roi à un porc trop gras capturé et ramené dans la porcherie. Louis XVI n'est plus qu'un cochon coupé, impuissant, mené par sa femme, et qui aurait raté sa fuite par excès de gourmandise et de beuverie, multipliant les arrêts pour bâfrer. *La Bouche de fer* oscille entre républicanisme implacable et rire désacralisateur.

À l'Assemblée, l'atmosphère est houleuse. Certains députés jacobins brandissent *La Bouche de fer* des Villemort, les *Révolutions* de Desmoulins ou *Le Peuple* de Méricourt, et exigent la destitution du roi, son procès, bientôt la république. Mais la majorité redoute ce grand saut : que vont dire les campagnes, où Louis XVI est encore populaire ? Et que vont faire les souverains de l'Europe, coalisés contre la France, prêts à fondre sur elle pour défendre leur frère ? Alors, stratège, La Fayette avance la thèse de l'enlèvement du roi. L'idée n'est guère crédible, mais politiquement géniale. Malgré les protestations des députés radicaux, malgré la lecture du *Mémoire* laissé par Louis XVI, qui justifie personnellement son départ volontaire, malgré les railleries de la presse républicaine, la fiction de l'enlèvement du roi est acceptée sans trop de difficultés par la majorité de l'Assemblée nationale. Car ce monarque docile devient dès lors un simple instrument de la Révolution. Perdre le roi signifierait la guerre, mais le replacer sur son trône dépourvu du pouvoir est une bénédiction pour La Fayette, Barnave et leurs amis du parti monarchien, les Feuillants. Le régime monarchique à la française s'accommode parfaitement du roi impuissant de Varennes. En face, minoritaires, les députés les plus radicaux, Pétion, Méricourt, Robespierre, Grégoire, interviennent en faveur du jugement du roi, coupable de trahison.

Bientôt, William de Villemort se présente pour la première fois en chaire aux Jacobins. Son discours est attendu. N'est-il pas l'un des tout premiers prophètes de la république en France ? Louis est là, au milieu de la foule des grands jours ; il tremble, il sent que son oncle est l'homme de la situation, mais celui-ci saura-t-il assumer ce destin ? Ils ont, la veille au soir, fini d'écrire et peaufiné le texte que William tient à la main, déjà en route par copie pour l'imprimerie de Bonneville. William déclare qu'il n'examinera qu'une chose, sans retracer toute l'histoire des horreurs monarchiques : *si le roi doit, peut être jugé*. Il justifie tout d'abord le républicanisme, mot qui fait encore peur, même aux Jacobins, puis en arrive à la question du jugement du roi. Il ne faut pas hésiter, affirme-t-il, ne pas reculer, car ce serait refuser d'aller au bout de son principe. On ne peut pas isoler la question du roi, de son procès, ni séparer celle de ce procès de la destitution du monarque et du régime qui va le remplacer, la république. Cet implacable enchaînement des causalités emporte l'adhésion, cette logique paraît imparable, ce que résume William de Villemort en une formule cinglante : « La monarchie française n'est plus rien qu'une absence de système. On ne peut pas frapper le roi sans frapper la royauté ni établir la république. » Enfin, là où Villemort achève de convaincre, c'est en rassurant les inquiets. Il examine, dans la dernière partie de son discours, la question qui suscite la peur, parfois irraisonnée : *que pourrait faire l'Europe si le roi était jugé ?* Il frappe les esprits en brossant des portraits satiriques des « puissants » de l'Europe, qu'il montre faibles, un seul excepté : la France et son peuple. « La France n'a rien à craindre, et c'est aux autres de trembler, lance-t-il. Et si les rois de l'Europe savent leurs intérêts, qu'ils se gardent bien de nous attaquer, qu'ils essaient, bien au contraire, de faire oublier à leurs peuples l'exemple français du spectacle de la liberté, car ils pourraient bien s'en mordre les doigts et voir leur propre trône vaciller. » Villemort a retourné le problème : c'est désormais aux rois d'Europe d'avoir peur de la « grande nation ». À cet instant, un souffle passe sur l'assemblée jacobine et ce ne sont pas des applaudissements qui s'élèvent, mais des cris de transport. Trois fois, dans l'enthousiasme, l'assemblée se dresse tout entière, les bras levés, les chapeaux en l'air. William est arraché à sa chaire par les hommes qui le portent en triomphe ; presque éberlué, il salue ceux qui l'acclament. Puis on le descend devant son neveu, dans les bras duquel il tombe.

Le 14 juillet 1791, un an jour pour jour après avoir participé à la fête de la Fédération, William et Louis de Villemort retournent au Champ-de-Mars. Cette fois, ce n'est pas comme membres élus de leur district, mais comme représentants des Jacobins. Tous deux font partie de la délégation qui dépose sur l'autel de la patrie une pétition demandant la destitution et le procès du roi. Juché en haut de l'autel, William lit la pétition républicaine, puis descend les marches et s'installe avec son neveu, ainsi qu'Equiano et Télémaque, du côté nord du monument, à quelques dizaines de mètres, sortant d'un panier deux bouteilles de vin, des morceaux de pain et du jambon. Affluent vers l'autel plusieurs milliers de citoyens, Jacobins, Cordeliers, officiers municipaux et membres des districts parisiens les plus populaires, qui viennent tour à tour signer la pétition sur les grands cahiers prévus à cet effet. Une heure plus tard, les signataires profitent du beau temps pour discuter et se restaurer, assis dans l'herbe ou sur les marches tout autour de l'autel. Alors, par le sud du Champ-de-Mars, arrive la troupe, conduite par La Fayette. Plus de neuf mille hommes, traînant un canon, se positionnent face à l'autel de la patrie.

Il ne devait pas y avoir de combat, c'est du moins comme cela que l'entendaient les signataires, qui n'ont pas envisagé un instant courir un risque en venant au Champ-de-Mars. Pourtant, lorsque les lieutenants de troupe brandissent le drapeau rouge de la loi martiale, et que retentissent les roulements de tambours sommant la dispersion, l'inquiétude monte. Une rumeur de panique parcourt les marches, où se sont regroupés les milliers de signataires, parfois haut dans les escaliers qui, de chaque côté de l'autel, comptent une cinquantaine de gradins. William, Louis et leurs amis ont-ils conscience du drame, toujours est-il qu'ils s'approchent de l'autel par le nord et s'agenouillent ou s'allongent derrière les marches qui les protègent. Ils entendent un second roulement de tambours. Puis des tirs de sommation, en l'air. Il n'y en aura pas d'autres. Les bataillons les plus royalistes tirent tout à coup sur la foule. La montagne vivante d'hommes, de femmes et d'enfants répond à la décharge par un grand cri.

Un instant plus tard, quand la fumée commence à se dissiper, on découvre que les marches de l'autel, et son pourtour, sont jonchés de morts et de blessés.

Louis, dans le trouble, a perdu William, Equiano et Télémaque. Il les cherche un moment, puis s'en va, triste et choqué, suivant la foule qui se disperse en silence. S'étant rendus sur l'escalier le plus frappé par la mort, côté sud, face à l'École militaire, Equiano et Télémaque marchent au milieu des corps sanglants, qu'ils retournent parfois, allant des uns aux autres, cherchant William avec anxiété. Enfin, ils le retrouvent, inanimé, la chemise pleine de sang. William n'est qu'inconscient, il n'a rien. Il n'a fait que se porter au secours d'une famille meurtrie par la mitraille. Il y a là un père, une mère, une fille et un garçon. Les trois premiers pleurent car le garçon est mort, frappé en plein cœur par une balle royaliste. C'est en voyant ce jeune corps ensanglanté que William s'est évanoui.

Longtemps, William demeure introuvable à la suite du massacre du Champ-de-Mars. Un trouble le tient terré dans une cache secrète, saisi par une profonde nausée vis-à-vis de la violence révolutionnaire. L'homme qui veut fuir sa condition de vampire ne supporte plus cette Révolution qui verse le sang et dévore ses propres enfants. Equiano rassure Louis, mais l'oncle a déserté l'hôtel du Marais pour on ne sait où.

Certes, il s'agit d'abord d'une mesure de bonne politique car la répression antijacobine ne cesse pas tout à fait avec la tuerie. À l'Assemblée nationale, les députés qu'on dit républicains sont proscrits ; la loi martiale, qui vient d'être mise en vigueur pour éviter ces agitations politiques, peut servir de cadre à une répression. Pourtant, rien n'advient. Les clubs sont fermés quelques jours, la porte des Cordeliers clouée, celle des Jacobins gardée, mais rapidement, au nom des droits de l'homme, le cours de la Révolution s'apaise. La Fayette, Barnave, Duport, Malouet, les principaux modérés, qui tiennent l'Assemblée, ont conscience qu'aller trop loin dans la répression serait une erreur fatale, qui briserait définitivement les révolutionnaires. Ils sont pour le roi, mais le roi de la Constitution, le roi soumis à la Révolution, pas le roi de la contre-révolution et de la caste nobiliaire qui ne rêve que de reprendre sa place et ses privilèges afin de faire renaître l'Ancien Régime.

William de Villemort peut donc réapparaître. Or, il ne le fait pas. Equiano et Télémaque l'ont accueilli et l'abritent au milieu des leurs, d'autres Noirs de Paris, d'autres esclaves affranchis. C'est un lieu étonnant, où ils vivent désormais à plusieurs centaines : une ancienne barrière de péage, un de ces grands bâtiments que la Révolution a rendus caducs en décrétant la libre circulation des biens et des marchandises, la fin des innombrables barrages qui entravaient le commerce sous l'Ancien Régime. Ces barrières fermaient Paris, et les fermiers généraux y taxaient les grains, les vins, les briques, les tissus, le sable, le lait, le sel, en prélevant une part qu'ils entassaient dans d'immenses entrepôts.

Equiano, guidé par Télémaque, l'ancien domestique noir d'Eugénie de Villemort, a découvert, tout juste laissée à l'abandon à la fin des taxations, la barrière de la Villette, grande rotonde qui ferme la courtille, posée massivement au début du bassin du même nom. C'est un quartier désert la plupart du temps, qui a mauvaise réputation, contrairement aux courtilles plus à l'est, où pullulent les tavernes, les bals et les cafés, et celles plus à l'ouest, où viennent déambuler les passants sur les promenades nouvelles dessinées à travers des jardins. Mais ce vide est aussi ce que recherchent Equiano et Télémaque pour leur projet, qui a besoin de discrétion : accueillir leurs frères de couleur, en nombre, pour les protéger et en mobiliser le plus possible pour la cause qu'ils défendent. Il s'agit de fonder une République noire, avec l'appui des révolutionnaires français, ceux qui militent depuis longtemps pour l'abolition de l'esclavage à la Société des amis des Noirs, une République qui s'établirait à Saint-Domingue, l'île de la Caraïbe. Equiano l'Américain et Télémaque le Guadeloupéen ont aménagé cette barrière de la Villette, l'espace idéal et utopique de leur grande idée, là où ils pourront former une armée noire qui se mettra en route pour fonder leur République.

C'est dans cette sorte de refuge « marron » en plein Paris que se cache William de Villemort. Au moment où il pourrait l'incarner, il ne supporte plus ce que la Révolution devient. Il finit par haïr ce sang qui coule depuis des mois, celui des massacrés du Champ-de-Mars, celui des garçons qu'il poursuit aux Tuileries et qu'il dévore, si semblable, au fond, à celui de l'enfant tué sur les marches de l'autel de la patrie, devant lequel il s'est effondré, par impuissance et par culpabilité, parce qu'il n'a pas pu le sauver et parce qu'il aurait désiré, au plus profond de son être vampire, le boire lui aussi.

Un jour, William réapparaît à l'hôtel de la Couture-Sainte-Catherine. Louis ne lui pose aucune question : il est dans l'action et William ne dit rien car son cauchemar n'a pas sa place là où il est revenu. Il tient à aider Louis à vivre son destin. Il le pousse à se présenter aux élections législatives. Tous deux auraient été élus haut la main députés de Paris, mais seul le cadet siégera à l'Assemblée nationale. Louis Villemort, vingt-sept ans, est un des symboles de la nouvelle législature : entièrement formé par l'actualité révolutionnaire, beau et sobrement vêtu de sombre, étranger à toute idée de privilège, bien à son aise enfin. Il ressemble à s'y méprendre au portrait idéal qu'on dresserait du député à la Législative. Le 5 septembre 1791,

Louis Villemort est largement élu par les citoyens de son district au scrutin uninominal à un tour, et devient l'un des sept cent quarante-cinq représentants de la nation.

V

Marie de Méricourt

Pour fêter cette élection, il prend à Louis Villemort l'envie de poser pour l'éternité. Il connaît un peintre, Évariste Lavis, fréquenté aux Jacobins, entrevu parfois au bordel de la galerie Montpensier, un ami politique et un ami des femmes. Lavis est connu comme le meilleur spécialiste de la composition allégorique. Donner vie à une idée, tel est le talent dont il tire ses ressources : commandes de municipalités, de sociétés, de sections, de particuliers. En ce domaine, la Révolution est bonne mère et Lavis peut, dès la fin de l'année 1789, créer son atelier, engager de jeunes peintres, former des élèves et faire poser d'assez nombreux modèles, afin de travailler à des compositions allégoriques souvent compliquées, si compliquées qu'il faut parfois de grands formats pour les étaler et les faire comprendre.

Dans son atelier, situé dans le quartier du Pont-Neuf, rue Guénégaud, en face de l'hôtel de la

Monnaie, s'entassent encore, à l'entrée, sous une couche épaisse de poussière, retournées contre le mur, les toiles de ses débuts, lorsqu'il traitait, selon la mode, des scènes galantes. Cette manière ne convenait pas si mal à son tempérament, car il passait alors pour un artiste érotique. Mais il a changé ; vus depuis la Révolution, ces sujets lui semblent dater d'un moment bien lointain. Désormais, il est citoyen d'un peuple libre, engagé en politique, et sait accueillir d'autres genres de commandes et de commanditaires : il dessine d'un trait plus vigoureux des Libertés, des Droits de l'Homme, des Constitutions, des Vertus républicaines, des Hercules populaires terrassant l'Hydre de la Tyrannie, des Fraternités donnant leurs seins à un enfant blanc, à droite, et noir, à gauche, et met dans ces compositions toute l'ardeur de son patriotisme. Évariste Lavis, suivant le modèle de son maître David, appelle de ses vœux la République des arts qui, amie de la science et de la beauté, créerait des écoles, organiserait des concours de peinture, des salons, forgerait des prix pour encourager les artistes, ouvrirait le Muséum et célébrerait les fêtes et les deuils publics. Tout cela impressionne fortement Louis Villemort, qui ne souhaite pas un portrait et tient à une scène allégorique où il incarnerait une idée en compagnie de ses amis, eux-mêmes d'autres idées.

Suivi par William, Equiano et Télémaque, Louis se rend, quelques jours avant le début des travaux de la Législative, à l'atelier d'Évariste Lavis, qui occupe un assez vaste espace tout en profondeur, qu'on ne peut pas soupçonner de l'extérieur.

Le petit groupe traverse des scènes en cours de composition, disposées dans une pièce où œuvrent une dizaine d'élèves et d'apprentis. Ce sont des tableaux vivants, composés de modèles qui posent, nus ou vêtus des habits appropriés à leur fonction. Devant chacun, quelques élèves de l'atelier s'interrogent, mettent en place, travaillent, peignent, discutent. Le plus impressionnant, selon les Villemort et leurs deux amis, qui s'arrêtent longuement devant une scène, représente le Tyran poursuivi aux Enfers par les Furies, cela adapté à l'actualité révolutionnaire récente : il n'est guère difficile d'identifier la principale figure négative portant les traits caractéristiques de la monarchie bourbonne. Il s'agit d'une version dramatique de la fuite à Varennes, à l'époque surtout traitée comme comédie. La scène couvre plusieurs mètres, et la toile qui lui fait face également, la reproduisant quasiment à échelle réelle. Sur le tableau, les corps sont pour le moment esquissés au trait de crayon, et seule une multitude de serpents dardant chacun deux langues recourbées est peinte, vert, rouge et brun.

Plusieurs toiles inachevées sont visibles, notamment sur le serment du Jeu de paume, sur la fête de la Fédération, sur la montée et le rassemblement des fédérés, sur l'adoption de la Constitution.

Comme si le chemin de la Révolution, de plus en plus escarpé, laissait derrière lui des sujets devenus infaisables.

Après avoir traversé ce capharnaüm de tableaux vivants et de toiles, Louis, William et leurs amis, guidés par un élève, sont introduits dans l'atelier particulier du maître, Lavis, un homme fort mais sec d'une quarantaine d'années, qui les reçoit chaleureusement. Il travaille à une nouvelle composition, qu'il détaille à ses visiteurs. Il s'agit d'une commande des Cordeliers et de leur principal meneur, Antoine de Méricourt, qui l'a esquissée personnellement et lui a prêté sa femme, Pélagie, sa fille, Marie, ainsi qu'une demi-douzaine de citoyens et citoyennes. Elle a pour titre *La Déesse de la Raison guidant la République vers l'Olympe*. La mère joue la République, la fille la Raison, et les citoyens les Olympiens, qui un vieillard chenu à la barbe blanche, qui un Apollon martial, qui une Diane chasseresse, qui une nymphe à jupette blanche, et Zeus, Héra, Io.

Un élève de Lavis, ses couleurs à la main, compose la tête du cortège, à savoir le haut des marches olympiennes, avec Zeus et son épouse, le vieillard, Apollon, Diane et tous les citoyens. À l'écart, allongée sur un matelas posé sur un sommier de fortune, une jeune femme se repose, à peine couverte d'un drap, comme abandonnée. On ne sait si elle dort ou si elle songe ; elle est en tous les cas perdue dans ses pensées. Ses cheveux roux tombent jusqu'au sol, la nuque visible. Son corps a la même blancheur moite que le matelas. La toile, seulement esquissée, est saisissante de force dans sa composition. Seuls le visage et le corps de la Raison sont travaillés plus avant, avec une violence crue, rendant une carnation animale, un trait ferme, énergique, à la manière de certains tableaux de jeunesse de David. Plus loin, derrière la scène mythologique, sont disposées d'autres toiles où figure la même jeune femme debout, nue, le corps soit doté d'une forte énergie sensuelle, soit au contraire couvert d'une toge, assagi par les poses et les attitudes allégoriques de la déesse Raison. Ce qui n'a pas changé chez Lavis, malgré la Révolution et l'esprit de sérieux qui s'est emparé des figures, est son indéniable talent, un talent de petit maître, certes, mais tout de même : il sait toujours rendre l'éclat d'un regard, le teint d'une peau, la rondeur d'une cuisse, la courbe d'une hanche, la joliesse d'un sein. Il lui reste cette sensualité de la touche et du coloris, cet érotisme du trait, même si les filles qu'il peint sont devenues des déesses, portent des faisceaux, des symboles et de chastes tuniques.

Lavis appelle affectueusement son principal modèle, qui sort de sa léthargie, se lève, naturellement belle, prend le drap dont elle se couvre, et s'approche. Le peintre la présente de ces mots complices : « Notre déesse bien-aimée, mademoiselle de Méricourt. » Elle salue d'une petite révérence, souriante, puis prend la pose que le tableau lui réserve, un élan, le bras droit en avant, la jambe gauche en arrière, montant vers l'Olympe. Ce geste de ballet, exécuté avec une spontanéité charmante et une grâce enfantine, fait rire le groupe. Un instant, alors que Marie abandonne sa pose et va partir, son regard croise celui de Louis, et s'y plonge. Il est immédiatement séduit par cette jeune femme, son corps, son visage, sa grâce et son rôle de déesse de la Révolution.

Louis, William et Lavis, restés seuls en compagnie d'Equiano et Télémaque, parlent désormais de la composition commandée. Le peintre est à la fois exalté et flatteur. Puisqu'il veut être le peintre de la Révolution, il se doit de travailler avec deux de ses plus illustres figures, les Villemort, prophètes de *La Bouche de fer*. William et Louis, qui ont établi la scène telle qu'ils souhaitent que Lavis la peigne, prennent place sur les marches olympiennes, William, au-dessus, en orateur, Louis en député nouvellement élu, et placent leurs amis autour d'un matelas, dans l'idée d'une allégorie abolitionniste, un combat qui les réunit tous les quatre. Equiano, drapé de blanc, écoute le discours de l'orateur, frappé par sa puissance tribunicienne, et défait les fers de l'esclave Télémaque, incrédule et ravi, qu'il affranchit selon l'impérieuse volonté des deux Blancs. Évariste Lavis n'est qu'à moitié convaincu par cette première ébauche de mise en scène – « deux tableaux en un » selon lui –, mais accepte la commande, qu'il réalisera pour un « prix patriotique », lance-t-il en un bruyant éclat de rire. Ils se quittent bons amis, promettant de se revoir sous peu.

Marie de Méricourt traîne pour quitter l'atelier, s'habille lentement, discute avec son amie Sophie, arrivée pour sa séance de pose – elle incarne Électre dans l'allégorie sur le massacre du Champ-de-Mars. Peut-être souhaite-t-elle également attendre la sortie des Villemort ? Effectivement, les voilà, exubérants et bavards. En voyant Marie de Méricourt, Louis s'arrête et laisse ses amis partir devant. Elle esquisse un sourire satisfait, prend son chapeau, qu'elle ajuste sur sa tête devant un miroir – nouveau sourire satisfait –, et sort, très naturellement, au bras de Louis Villemort.

À peine sont-ils dehors, dans la rue Guénégaud éclatante de soleil, qu'un vieil homme apostrophe Louis avec véhémence. « Permettez-moi, jeune homme, de vous donner un conseil. Si vous voulez devenir un peintre véritable, laissez là vos symboles révolutionnaires, votre Hercule… » Louis tente de lui signifier qu'il se trompe : il sort peut-être de l'atelier de Lavis mais n'est pas artiste… L'homme continue sa diatribe sans s'en soucier : « … vos hydres, vos Furies poursuivant le crime, vos génies de la Liberté… arrêtez cela et peignez des… jolies femmes. L'ardeur des citoyens à se régénérer tiédit avec le temps et les hommes aimeront toujours les femmes. Faites-moi des femmes toutes roses, avec de petits pieds et de petites mains. Et mettez-vous dans la tête que personne ne s'intéresse plus à la Révolution, et qu'on ne veut plus en entendre parler. » Tandis que Marie étouffe un fou rire, Louis se cabre, mimant la colère : « Quoi ! Ne plus entendre parler de la Révolution ! » Et le vieil homme de finir : « Croyez-moi, jeune peintre sans expérience, la Révolution ennuie : elle dure trop. Déjà trois ans d'enthousiasme, trois ans d'embrassades, de massacres, de discours, de tocsins, d'aristocrates à la lanterne, de têtes portées sur des piques, d'arbres de la Liberté coiffés du bonnet rouge, de cocardes, d'angoisses et de grande peur, c'est long ! » Louis saisit l'homme par les épaules et, le secouant, lui demande de se taire. Puis, il le retourne, lui botte les fesses et lui lance : « Je vais te rosser, coquin ! » Le fâcheux part en courant, tandis que Marie le houspille : « Aristocrate ! Feuillant ! La Fayette ! Fersen ! » Ils rient de bon cœur. Elle fixe alors sur lui ses yeux gais et pétillants. Le regard se prolonge, d'une intensité troublante. Elle dit : « Vous savez haïr et rosser, monsieur Villemort, faut-il croire que vous savez aussi aimer ? » Puis elle tourne les talons.

Marie de Méricourt possède une forte personnalité, qu'on peut dire éruptive. Entre ses deux parents, il lui a fallu exister. Les enfants de célébrités se divisent en deux catégories, rarement trois : soit ils poussent et se construisent dans une forme de réaction assumée, d'adversité constructive, soit ils sont écrasés et ne croissent qu'à demi, jouets de la double personnalité parentale, oscillant entre l'un et l'autre, dans l'ombre. Marie, plantée là, est bien plus solide que cela.

Sa mère, Pélagie de Méricourt, Liégeoise vive et emportée, descendante de ces filles de Wallonie qui combattirent vaillamment Charles le Téméraire – ce qu'elle ne manquait pas de signaler –, est originale et étrange, portant régulièrement chapeau et redingote rouge, blanche ou noire, le sabre au côté, « à l'amazone ». Elle sait être tour à tour charmante, terrible, mutine, coupante, volontaire, ne sentant nul obstacle face à elle. Elle a eu des amours, notamment lors de sa carrière de cantatrice, à Anvers, Londres, Naples, Turin, mais désormais il n'en reste plus qu'un, violent et passionnel : la Révolution. Elle la suit avec transport, ne manque pas une séance de l'Assemblée, qu'elle regarde depuis les tribunes, d'abord seule au milieu du peuple, unique femme visible en juin 1789, puis accompagnée de quelques amies, et elle possède sa carte des Jacobins, où elle anime la société des citoyennes qui se réunissent au sous-sol du réfectoire des hommes. Chez elle, elle tient un autre club, recevant les députés rue du Bouloi. On peut y trouver Sieyès, Pétion, Desmoulins, Fabre d'Églantine, Brissot, Romme, qu'on dit être son amant. La presse royaliste la prend souvent pour cible, et c'est l'hirsute Martainville qui, dans ses *Actes des apôtres*, l'accouplant avec le député Populus sous le nom de « catin du peuple », lui trouve son prénom, ce qui achève de la rendre célèbre. Car Pélagie est le nom de son père, paysan aisé du pays de Liège, et elle fut baptisée Anne-Josèphe. Fière et rusée, son répondant lui fait adopter ce sobriquet qui se voulait insulte et se métamorphose par son geste de défi en symbole de la « belle Liégeoise ». Même Antoine de Méricourt, ensuite, utilise ce sobriquet retourné en prénom et appelle sa femme Pélagie.

Antoine lui a donné son nom, à leur mariage célébré en 1771, l'année même où naît Marie, leur unique enfant. S'ils se sont rencontrés à Turin un an auparavant, c'est que Pélagie y chantait à l'Opéra et qu'Antoine y subissait un exil volontaire, ayant fui Paris car il y était poursuivi pour escroquerie, imposture et dettes. C'est un savant, un homme de science, mais toujours soupçonné de quelque mauvais calcul ou de mauvais coups. Sa personnalité s'est forgée dans cette adversité continuelle, qu'il a traversée avec un tempérament batailleur. Il est sans doute, de tous les révolutionnaires, l'homme qui, avant 1789, a le plus vécu. Lorsqu'il publie le premier numéro du journal qui le rend célèbre, *Le Peuple*, le 16 septembre 1789, Méricourt a cinquante-trois ans, soit onze de plus que sa femme. Il a accumulé les expériences. Ce n'est pas un génie visionnaire mais un travailleur infatigable.

Physiquement, il n'est pas impressionnant, mais conserve les traits fins de sa mère, une belle Turinoise de la famille des Sturani. Jeune médecin, Méricourt s'installe à Bordeaux, puis monte à Paris à vingt-neuf ans. Beaucoup ne veulent voir en lui qu'un charlatan. Ses livres, sa correspondance et la reconnaissance dont il bénéficie prouvent au contraire que, s'il n'a jamais été un immense précurseur, il n'est pas un mauvais savant. Son traité en trois volumes, *De l'homme*, est honorable. Le médecin conquiert vite une réputation, une clientèle, et bientôt l'un des postes les plus recherchés du royaume : médecin des gardes du corps du comte d'Artois. Il a trente-trois ans et se trouve au sommet de son ascension sociale. Ces gains rapides lui permettent de réaliser son rêve : monter un laboratoire d'expériences scientifiques. Les opuscules qu'il rédige à la hâte sont nettement moins brillants. Là sont sans doute son drame et son échec : le médecin est reconnu mais l'expérimentateur et le théoricien sont ignorés, voire méprisés. L'Académie des sciences le récuse. Mais la correspondance qu'il échange avec Franklin, Pilâtre de Rozier, Volta, souligne qu'il bénéficie d'une certaine renommée. Cependant, le refus académique le blesse, il se crispe, radicalise ses positions, et construit sa propre exclusion sociale et intellectuelle en irritant ses collègues par ses attaques, sa paranoïa et ses appels répétés à la révolte. Si bien qu'en 1770 il doit quitter Paris pour vivre à Turin auprès de la famille de sa mère, les Sturani, savants de père en fils. Il y reste près de dix ans, rencontre Anne-Josèphe Pélagie, l'épouse et élève leur enfant, dont il est bon père.

Quand le couple revient à Paris, en 1779, Méricourt est oublié. La décennie est difficile, le temps du déclin semble venu. Il n'a plus sa clientèle, s'aigrit, dénonce les académiciens, voit sa femme le tromper. Pour la jeune Marie aussi c'est un moment délicat ; l'enfant est placée en pension à douze ans pour ne pas assister à l'affaissement de son père ni aux déchirements de ses parents. Mais il n'y a guère d'argent, la maison d'éducation des Sœurs de Notre-Dame n'est pas brillante, située dans un bourg au milieu des champs, en Bourgogne. La vie y est à la dure, et l'apprentissage à l'ancienne. Ce que Marie compense par une boulimie de lectures, un mental de survivante et la rencontre de Sophie. Les deux héritières – Sophie est fille de nobles, Lepeletier de Saint-Fargeau – se serrent les coudes. Quand elles sortent du collège, six ans plus tard, elles sont formées et amies pour toujours. Et la Révolution gronde déjà.

1789 a réveillé Méricourt. En quelques pamphlets publiés durant la campagne électorale de janvier, il trouve son style, fait d'appels à la révolte, de mises en garde, d'imprécations, de dénonciations. Il est élu député du tiers état de Paris, où il retrouve, divine surprise, quelques collègues qui le méprisèrent un temps et le craignent désormais pour sa plume, Bailly, l'académicien astronome qui l'humilia, Guillotin, médecin qui le contesta, Dumouchel, recteur de l'Université, Dionis du Séjour, scientifique et parlementaire, Montesquiou-Fezensac, académicien. Aux états généraux, puis à l'Assemblée, il est l'un des plus enflammés parmi les patriotes et soutient les mutins de la prise de la Bastille, même s'ils ont massacré quelques gardes et coupé la tête de son gouverneur. Il réclame que tombent des têtes, de plus en plus de têtes. Le journal, qui sonne le tocsin deux fois par semaine, est un triomphe. Il rassemble tout ce que Méricourt a vécu et peut mettre au service de la Révolution : le diagnostic alarmant de l'observateur pessimiste, la méfiance envers tout homme de pouvoir, la plume efficace et l'appel à la révolte propre aux années de souffrance. Bientôt, il est l'un des fondateurs, avec Danton, du club le plus radical et populaire, les Cordeliers. Car si Méricourt réécrit son passé, il y voit aussi, soudain, l'avenir : il est devenu la Révolution.

Quelques heures après leur première rencontre, Louis Villemort fait parvenir un billet à Marie de Méricourt, rue du Bouloi où elle vit chez ses parents, non loin du Palais-Royal : « Ce regard que vous avez soutenu, vos mots, votre manière, votre beauté, suscitent en moi l'envie impérieuse de vous revoir. Vous avez fait irruption de la plus belle des façons dans l'architecture de ma vie, telle une apparition soudaine, souveraine, un diamant pur, par la façon admirable dont vous vous exprimez et dont vous semblez danser votre existence. Vous m'avez demandé si je savais aimer. Depuis, j'ai l'impression d'avoir besoin de vous. Peut-être avons-nous besoin l'un de l'autre ? J'espère que cette franchise sur mes sentiments ne va rien gâcher et que vous voudrez encore me voir et me parler. » À ce billet, qui a le mérite de la sincérité – ce qui ne déplaît pas à Marie de Méricourt, déjà connue, malgré son jeune âge, pour quelques amants auxquels elle ne ménage ni la vérité de ses sentiments ni celle de ses ardeurs –, la jeune femme répond dans l'instant ce mot qu'elle fait porter au passage des Deux Pavillons : « Je ne peux être que telle que je suis, sans faux-semblant, demeurant à cette place singulière dans laquelle je laisse notre rencontre diffuser sa puissance. Je m'y retrouve sans savoir pour autant quelle est sa nature. J'espère que vous comprendrez mes mots. »

Louis Villemort a compris et, deux jours plus tard, il attend Marie de Méricourt à l'atelier d'Évariste Lavis, prétextant une idée soudaine liée à la composition abolitionniste de sa commande picturale. Le peintre est absent, mais la jeune femme commence une séance de pose très technique, avec deux élèves du maître. Louis patiente en errant dans le quartier, tournant autour du pâté de maisons une vingtaine de fois, traversant le Pont-Neuf sans doute autant, une heure, puis deux. Cette impatience, mêlée à la crainte que la jeune femme ne s'échappe, fait monter son désir. Quand Marie sort, étonnée, ravie, il lui présente son bras ; ils vont, sans mot dire, sans un regard, sans un geste, où le hasard les emporte, à travers le quartier du faubourg Saint-Germain, le jardin du Luxembourg, alors en friche, la courtille de Montparnasse, la large promenade qui mène au bâtiment des vétérans invalides, puis le longe, les quais de la rive gauche, le pont Royal, enfin les Tuileries. Cet abandon à la marche silencieuse et aveugle ressemble à une déclaration d'amour, une des plus enflammées qui puisse exister, formulée par les rythmes conjoints et coordonnés de la progression des corps à travers la ville. Enfin, dans un coin du jardin, non loin du pavillon de Flore, ils se tournent l'un vers l'autre, s'étreignent et s'embrassent.

Ils vont ensuite lentement à travers le Palais-Royal, profitant de la douceur crépusculaire, contournant le cirque central en bois de forme ovale, se tenant par le bras, s'arrêtant de boutique en boutique. Là, ils se mettent à parler, enfin, commentant à n'en plus finir bibelots, estampes, caricatures, vêtements, livres, libelles, journaux, devant les innombrables libraires, éditeurs et marchands d'images qui se succèdent sur trois cents mètres. Ils sont intarissables, partageant intensément le goût des objets éphémères, et leurs lectures plus encore, évoquant auteurs et ouvrages, tous plus importants les uns que les autres à leurs yeux, adorant les colporteurs qui crient des titres accrocheurs, et achetant à l'un d'entre eux deux gravures peu autorisées, présentées « sous le manteau » sur une planche de bois aussi vite installée que remballée. Il s'agit de deux jolies planches extraites des *Essais historiques sur la vie de Marie-Antoinette*, images dont la présentation hypocrite fait beaucoup rire les néo-amoureux : « Nous avertissons par avance les pères de famille de ne pas laisser tomber ces images dans les mains de leurs enfants. Ces gravures libres pourraient bien produire sur eux des ravages dont ils se repentiraient et nous sommes au moment où des mœurs sévères doivent présider à l'éducation de notre jeunesse. Il ne faut donc mettre ces estampes que dans les mains des hommes faits. »

La première gravure a pour nom *L'Art de foutre la reine*, et la seconde *Le Bordel patriotique*. La première est ainsi légendée : « Bravo, bravo ! La reine se pénètre de la Patrie. » Elle montre Marie-Antoinette, les cuisses ouvertes, accueillant un fougueux fédéré (bien) monté à Paris pour la fête de la Fédération. La seconde porte le commentaire suivant : « Le triomphe du Droit de l'homme, ou la régénération foutative. » C'est une illustration pornographique de la valeur phare de la Révolution, le Droit de l'homme, devenu un immense vit en érection. Les régénérateurs sont les « meilleurs fouteurs de la France nouvelle », à savoir les députés à l'Assemblée nationale. Ce récit érotique de la Révolution semble tout un programme et le couple s'en amuse. La nuit tombe, cela fait quatre heures qu'ils marchent et parlent sans se rendre compte du temps qui passe. Il est l'heure pour le couple d'aller pratiquer ces allégories dans la grande chambre de Louis, au quatrième étage du passage des Deux Pavillons.

Leurs corps laissent au matin, quand les deux amants s'endorment l'un dans l'autre, une forme magnifique gravée dans le cuir du sofa, le bas-relief de leur nuit, la ronde-bosse de leurs étreintes toujours recommencées, ce qu'ils nommeront dès lors la *sculpture* de leur amour. Bientôt, un rayon de soleil éclaire la femme, allongée, nue et endormie ; Louis la regarde, fiévreux, le corps de nouveau tendu de désir. Il se lève et, avant de lancer la clef sur le sofa, se menotte à la grille de la fenêtre, hors de portée du corps de Marie mais pouvant contempler ses courbes, sa peau, sa chevelure, ses seins, son sexe, son cou.

Quand survient Sophie Lepeletier de Saint-Fargeau chez les religieuses de la congrégation Notre-Dame, Marie et elle deviennent inséparables. L'aînée, Sophie, est plus bavarde et raisonneuse : elle trouve en Marie l'oreille qui lui convient, tandis que la cadette en est bien aise, plaçant dans ses remarques d'écouteuse la délicatesse qui prouve sa bienveillance amicale. Quand les deux jeunes femmes quittent le collège, six ans plus tard, elles repartent chacune chez elle. Un serment de fidélité les lie, traversant leur vie comme un flux continu d'amitié. Elles diffèrent, mais cela n'altère en rien ce lien. Sophie, jeune provinciale, est d'apparence conforme aux bons usages et aux bonnes mœurs, mais cache une impertinence et une soif de vie insatiables. Marie, plus franche, plus directe, rencontre rapidement, en même temps que ses lectures de Diderot, Rousseau, d'Alembert, Helvétius, d'Holbach, ses premiers doutes et ses premiers amants. En 1789, à dix-huit ans, elle oublie l'éducation des religieuses et se montre tout à fait incrédule, même libertine. Les débuts de la Révolution la font plus radicale encore : « Si, avant de paraître au monde, on m'eût donné le choix du gouvernement, je me serais déterminée par caractère pour une république », lance-t-elle dans une lettre à Sophie. Il y a sûrement dans cette effronterie l'influence de ses parents, mais pas seulement : Marie sait se défaire de son nom et s'affirme de plus en plus par elle-même.

Quand le père de Sophie, Louis-Michel Lepeletier de Saint-Fargeau, l'un des principaux parlementaires des états de Bourgogne, noble de bonne extraction, est élu député aux états généraux, sa fille, après une année passée dans la maison de Beaune, vient le rejoindre avec son épouse. Elle arrive à Paris le jour même où son père prend la parole à la Constituante, le 19 juin 1790, pour appuyer la suppression des titres de noblesse : il fait voter qu'aucun citoyen « ne pourra porter d'autre nom que celui de sa famille réduit à sa plus simple portion ». Dès le lendemain, le marquis de Saint-Fargeau ne signe plus que du nom rustre de Michel Lepeletier. Dès lors, Sophie et Marie vont ensemble à l'Assemblée et vibrent au Manège devant les interventions de leurs pères, très fières qu'ils soient du même bord politique, et rencontrent toutes les deux Évariste Lavis, devenant aussi bien apprenties peintres que modèles allégoriques de ses compositions.

Il est normal que, après le coup de foudre de la fin septembre 1791, Louis soit rapidement présenté à Sophie. Cette introduction se trouve cependant coïncider avec une réception beaucoup plus officielle : le 1er octobre 1791 s'ouvrent les travaux parlementaires de l'Assemblée législative, où siège pour la première fois Louis Villemort. Marie et Sophie participent à la cérémonie. Elles ont été choisies pour faire partie de la délégation de douze femmes et filles d'artistes de Paris, tout de blanc vêtues et la cocarde tricolore accrochée sur la poitrine, reçues en clôture de séance par l'Assemblée où elles apportent une cassette remplie de bijoux, récoltés en un mois dans les milieux patriotiques et artistiques de Paris.

Le premier président de la Législative, le doyen d'âge Batault, leur fait l'honneur de la séance et, aidé par les cadettes rosissantes de fierté, dépose sur le bureau l'importante cassette qui contient, listés minutieusement, vingt-quatre boutons d'argent, vingt-deux gobelets, trente-huit paires de bracelets, dix-neuf médaillons, trente-deux boîtes de montres, deux cent trente-trois bagues, quatre cent vingt-huit paires d'anneaux d'oreilles, cent vingt dés, soixante-neuf coulants de bourse, trente-neuf étuis, le tout en or, ainsi qu'une belle bourse renfermant cent dix-huit louis. Le trésor pèse plus de neuf kilos, soit, fondu, l'équivalent de neuf lingots d'or, près de vingt mille livres, une petite fortune. La presse, qui commente abondamment ce geste généreux, lui donne aussitôt le nom de « don patriotique », et l'élève au rang de symbole de l'attachement citoyen à la Révolution.

Dans l'effervescence, Louis Villemort descend fougueusement de sa place et, avec quelques collègues députés empressés, raccompagne la délégation des femmes patriotes. Le groupe joyeux se rend dans un salon attenant, où les délégations patientent avant leur réception, tandis que leur sont servies des collations. Dans le brouhaha, Marie fait les présentations ; Louis s'incline, Sophie marque une révérence. Elle est presque aussi jolie que son amie, très différente : brune, de grands yeux noirs, plus petite, bien faite. Peut-être un peu moins d'éclat, une beauté plus banale. Mais en cet instant, les deux jeunes filles, les joues en feu, le tricolore se détachant sur la blancheur de leur robe, sont également heureuses et ravissantes. Pour Louis, il ne fait guère de doute que la régénération française est en marche ; décréter la République sur-le-champ ne lui ferait pas plus d'effet.

La coupe de champagne et le petit pot de glace à la vanille de l'île Bourbon avalés, les voici tous les trois à l'extérieur, marchant dans le jardin des Tuileries, non loin du palais du roi. Ce ne sont qu'éclats de rire, jeux de mots, esclaffements pour décrire la séance et le ravissement qui a emporté les trois jeunes gens. À court de souffle, ils s'assoient bientôt sur un siège de pierre en demi-cercle creusé dans la balustrade du jardin. Le calme revient, la respiration ralentit. Louis n'ose pas poser la main sur celle de Marie, même s'il en a aussi envie qu'elle. Le silence se fait. Louis va s'adresser à Sophie, par politesse et pour continuer les présentations, quand Marie coupe son élan, se lève et parle. Elle annonce à son amant qu'elle part pour un voyage en province, à Bordeaux, qui les tiendra, Sophie et elle, éloignées de la capitale durant deux mois, le temps de poser pour un peintre, Théodore Grandsorgue, rencontré par l'intermédiaire de Lavis, et qui leur a proposé une jolie somme pour les prendre en apprentissage et comme modèles dans son atelier. Quand la collaboration avec Lavis est sur le point de s'achever, il s'agit pour elles d'une occasion à ne pas manquer. Marie se rassoit, triste. Sophie détourne le regard. Louis demeure interdit quelques instants, puis se lève et s'éloigne en titubant.

La première lettre que Marie écrit à Louis, datée du 2 octobre 1791, est envoyée de Chartres, premier relais de poste sur le chemin vers la Gironde. « J'ai pris la voiture de poste pour Bordeaux, lui dit-elle. C'est un long voyage qui nous prendra huit jours. Mais j'ai une grande passion pour ces voyages en voiture. Je regarde par la fenêtre et c'est comme la vie. J'aimerais bien voyager avec toi, pas pour aller quelque part en particulier, juste pour être esseulés dans un régime particulier de vitesse et de temps. Louis, je pense à toi. Ta peine est posée sur moi, ce matin, comme un oiseau blessé. Ne m'en veux pas pour ce départ que je sais inattendu et décevant. Je ne pouvais pas le repousser et abandonner Sophie. Elle est mon amie, et tu devras me partager avec elle, ton amour composer avec mon amitié. Je veux encore de tes baisers, et je t'embrasse. » Il lui répond de suite, adressant sa lettre au relais de la quatrième étape, Le Cochon d'or, à Châtellerault : « Imagine mon désarroi alors que je vis encore dans le temps de notre amour, qui s'est imprimé sur mon corps et mon esprit tout au long des jours et nuits qui vont nous séparer. Je guette depuis ce matin le moindre signe de toi. Tu me plaisais tant à l'Assemblée, j'ai même réussi à te toucher-caresser l'épaule que tu portais nue lorsque tu t'es rapprochée. Pour tout dire, j'avais terriblement envie de toi. J'ai trouvé perversement érotique de ne pas pouvoir te toucher davantage, ni laisser rien transparaître, tout en étant si proche. Les heures vont s'égrainer trop lentement avant ta prochaine lettre, mais je veux bien perdre du temps pour ne pas te perdre. Je veux revivre ces moments où, dans la nuit, nous avons sculpté le cuir du sofa de formes empreintes de l'amour. Tu me plais, je t'embrasse et je pense à toi. »

De Poitiers, Marie écrit encore un billet, plus court mais intense : « J'aime que tu me baises et que tu m'attendes, j'aime t'attendre, j'aime te regarder, j'aime ta douceur et j'aime ta fermeté. Je te tire très tendrement la langue, avant de l'enrouler autour de la tienne, puis de descendre jusqu'à ta queue, qui, doucement, pénètre ma bouche. J'ai une immense envie de refaire l'amour avec toi près de notre Palais-Royal ! Et j'aimerais avoir la voix de ma mère pour te dire : “J'aime que tu me foutes, Louis.” » Cette brièveté, et même cette audace érotique, inquiètent fort Louis, qui espérait une longue lettre harmonieuse où se dessinerait un amour apaisé et éternel. Si les histoires d'amour étaient simples à vivre, sans doute que les trois quarts de la littérature mondiale n'auraient pas été écrits. Aussi lui répond-il sur le ton du désespoir. Une lettre qu'il adresse le 10 octobre 1791 à Bordeaux, au centre de la rue Sainte-Catherine où loge son amante : « J'ai peur de te perdre, Marie. Je pense à toi, sans cesse. Oui c'est difficile. J'étais ce soir aux Jacobins et je désirais tant que tu sois là, que tu me voies, que tu écoutes ce discours que j'ai dit pour toi. Robespierre est venu me féliciter ; s'il savait que c'est à toi, et toi uniquement, que je pensais, pas une seconde à lui ! Une partie de l'assemblée pleurait, m'a-t-on dit, et moi, je pleurais pour toi. J'ai peur de te perdre. » Marie comprend sa faute, et rassure son amant : « Je me suis réveillée et je ne dors plus. Dans mon refuge de la rue Sainte-Catherine, il y a une verrière, à travers laquelle je regarde l'aurore pâlir, depuis que j'ai lu tes mots, il y a près d'une heure. Je voudrais te réconforter mon Louis, t'être proche, me promener avec toi dans ce Paris désert du dimanche matin, dans les jardins du Palais-Royal, aux Tuileries, au Luxembourg, ou sur les berges de la Seine, dans l'irréalité du petit matin. Et puis j'ai envie de te dire de me rejoindre ici, que tu te couches avec moi dans ce lit solitaire et bancal, j'ai envie que tu me foutes dans ce refuge sous ce ciel qui pâlit. Je t'embrasse Louis et j'aime aller à l'Assemblée te voir et t'écouter depuis la tribune, tout en cherchant tes yeux ou en débusquant les instants où ton regard se pose sur moi, un peu plus que sur quelqu'un d'autre. J'ai hâte de te revoir, hâte de m'abandonner dans tes bras et tes caresses. »

Louis aime recevoir les lettres de Marie et aime lui écrire, cet amour épistolaire finirait presque par le contenter. L'absence n'est-elle pas l'énergie la plus puissante de l'amour, sa vitalité désespérée ? Les deux amants s'écrivent tous les jours durant les six semaines du séjour bordelais. Emportée par sa passion, comme si elle souhaitait signer un serment éternel par un acte sacrificiel, Marie envoie un jour à Louis un encrier rempli de son sang. Elle inscrit sur une étiquette, rédigée à l'aide d'une plume trempée dans l'encre écarlate : « Encre de fidélité. Extraite de mon bras ce 9 novembre 1791. » La date est celle de son anniversaire, ses vingt ans. Cela veut dire : je suis à toi pour toujours, mon sang en est la preuve. Mais pour Louis, cela signifie : dévore-moi, vampire, ceci est le sang dont je te nourris, et je t'offre ma vie pour l'éternité afin que tu vives la tienne sur cette terre. Il est profondément troublé par cet envoi. Il confie à Equiano l'encrier, en en conservant l'étiquette, par peur de céder à la tentation de le boire. Mais que dire à Marie ? Qu'il est l'enfant de monstres incestueux, héritier des tares maléfiques d'une famille où sévissent encore des bêtes nées au XVIe siècle ?

La lettre qu'il lui adresse le 17 novembre 1791 ressemble à un aveu tourmenté, murmuré : « Ah, ma chère Marie, je t'ouvrirai mon âme, je t'y découvrirai ce qui s'y trouve de plus secret : rien ne doit être caché à tes yeux. Mon âme paraît acquérir une nouvelle capacité pour goûter au bonheur, qui jusque-là m'avait été inconnu ; je le partage avec toi ; tu deviens une autre moi-même. Je désire plus que tout ne pas te mentir : là-dessus je me veux intraitable et incorruptible, comme un Robespierre du sentiment. C'est la première fois que j'aime comme cela, je suis presque un innocent en amour.

Je voudrais me sentir absolument transparent dans ce que je te dis. Cela pourrait me conduire, pour ton bien malheureuse, à provoquer notre séparation, à sacrifier ce qui m'est le plus cher, afin que tu vives mieux. Mes pauvres parents m'ont enfanté maudit, dégénéré, affidé au sang de notre race. Voilà, tu en sais plus, et je crains de t'épouvanter. Pourras-tu aimer un être qui, au plus profond de lui-même, est un monstre ? »

Marie comprend qu'il y a là un aveu, mais n'en mesure pas la portée. Elle n'est pas épouvantée par l'homme qui s'avoue monstrueux, bien au contraire, il l'émeut, et cette confession est pour elle un degré de plus dans l'amour. Et puisqu'il lui a fait l'aveu de sa noblesse et de son honteux privilège, elle va pouvoir l'aimer mieux, l'aimer tout entier, dans la beauté de son corps comme dans le secret de son sang. Marie de Méricourt s'apprête à revenir à Paris ; dans huit jours, elle sera là.

VI

Au plus profond du tumulte

Louis Villemort a décidé d'humilier Louis XVI. Il confie son projet aux Jacobins, lors d'une intervention à l'ironie railleuse, commentant la façon dont certains députés, des « législateurs devenus tapissiers », préparent la venue du roi dans l'Assemblée à l'occasion de sa prestation de serment à la Constitution. C'est ce discours, dont Louis a parlé à Marie dans une de ses lettres, qui lui vaut les félicitations de Robespierre et provoque les larmes des auditeurs. Mais des larmes de rire. « Ils suent sang et eau pour préparer le trône où doivent reposer les fesses du commis de la nation, lance ainsi Villemort à propos des députés royalistes. Ils descendent le bureau des secrétaires afin de laisser un plus grand espace à l'idole pour gesticuler à son aise ; nos ingénieux décorateurs constitutionnels ne négligent rien pour recevoir d'une manière digne d'elle Sa Large Hautesse, Sire de France. » Ce qui révolte le jeune Jacobin n'est pas tant la présence d'un roi au milieu des députés du peuple qu'une étiquette humiliante. « Conservons une belle attitude, propose Villemort. Montrons au roi que nous ne sommes point des sujets, que nous ne sommes point à lui, qu'il est à nous au contraire, et qu'en lui faisant l'honneur de le recevoir nous entendons que sa tête se courbe la première devant celles de nos représentants. Nous exigeons que le roi respecte son souverain le peuple. Or le peuple est sévère, et nous souhaitons que la cérémonie qui accueille Louis XVI le soit aussi. »

Ce débat sur les attitudes et les symboles passionne les contemporains. Chaque geste compte, chaque habit, chaque place, chaque ballet de chaises et de fauteuils. Mieux même : le déroulement de la cérémonie dit indirectement et pourtant très clairement l'état des forces en présence. Louis le républicain ne peut pas encore dire devant Louis le roi qu'il rêve de République, mais il sait qu'en remettant en cause l'ancien rituel royal il peut faire comprendre qui, désormais, possède le pouvoir politique. Alors qu'on ne doit pas parler de République dans l'Assemblée, les symboles parviennent à le faire : la sévérité des députés patriotes peut tenir ce discours des attitudes. Louis Villemort a préparé son coup, qui doit éclater tel le tonnerre en pleine Assemblée, en présence et aux dépens du roi. La réunion des comploteurs a eu lieu aux Jacobins ; ils ont mis au point leur stratégie, misant sur la surprise des autres députés et, surtout, l'effet d'entraînement mécanique que pourra provoquer leur mouvement groupé.

Quand le roi entre dans l'Assemblée, le 19 octobre 1791 en début d'après-midi, tous les députés, debout, l'applaudissent pour le remercier de sa présence en ce jour solennel. Le président de la séance, Thouret, un modéré qui lui est favorable, donne la parole au monarque. Mais à peine Louis XVI a-t-il commencé à prêter serment, debout devant l'Assemblée – « Je viens consacrer ici solennellement l'acceptation que j'ai donnée à l'acte constitutionnel ; en conséquence, je jure... » –, que les députés, au signal de Villemort, de la gauche vers la droite, s'assoient. Le roi, interloqué, continue : « ... d'être fidèle à la nation et à la loi, d'employer tout le pouvoir qui m'est délégué à maintenir la Constitution décrétée par l'Assemblée nationale constituante », puis s'assied à son tour ; ou plutôt, comme l'écrit le *Journal des débats* : « Le roi s'apercevant soudain avec surprise que lui, presque seul, est debout, rejoint les députés dans la position assise. »

Le plan Villemort a parfaitement fonctionné, et pour que le piège soit plus mordant encore, Louis, avec une impertinence rare, lance en direction des quelques bancs royalistes restés debout, interdits : « Vous vous mettrez à genoux si vous voulez ! » L'incident prend une portée politique considérable. La République a gagné cette bataille de l'humeur cérémonielle grâce à ces mines sévères posées sur des corps assis. S'asseoir pendant un discours de Louis XVI, c'est choisir la République, même si la plupart des députés qui se sont assis n'étaient pas conscients de la gravité du geste.

Villemort acquiert dans l'opinion de gauche une soudaine popularité. La presse s'enflamme. *Le Patriote français*, *Les Révolutions* de Desmoulins, *Le Courrier*, *Les Révolutions de Paris* sont enthousiastes. Méricourt, dans son *Peuple*, est dithyrambique. Mis dans la confidence par son ami Lavis, auquel les Villemort s'étaient confiés lors d'une séance de pose, il a pu rencontrer Louis et William qui lui ont tout raconté. Méricourt transcrit le « brillant complot » dans le détail de son édition du 22 octobre, concluant avec ironie : « L'Assemblée a pris la place du roi, et n'a point démérité en cette posture nouvelle lancée par l'un des plus intrépides de ses membres, M. Louis Villemort, qu'il faut remercier et saluer. Pourquoi ne pas persévérer dans ce retournement des rôles ? Le roi n'est-il pas le bras d'une Constitution dont l'Assemblée est la tête, et la tête n'a-t-elle pas le droit de mieux penser assise ? Il est très réjouissant de voir ainsi un roi hésiter devant la sévérité assise des représentants du peuple ! » L'Assemblée s'est transformée, sous la houlette de Villemort, en un troublant oxymore, un « roi républicain » humiliant l'autre souverain, ce pauvre roi faible et impuissant.

Au palais des Tuileries, c'est la consternation. Louis XVI a fait bonne contenance durant l'affront, mais il a été déconcerté, irrité ; éprouvant, et masquant, une vive indignation. À peine remis du choc, il convoque pour le lendemain une réunion de crise dans son cabinet. Sont présents la reine, Madame Élisabeth, sa sœur, Thouret, le président de l'Assemblée, Montmorin, ministre des Affaires étrangères, Duport-Dutertre, le garde des Sceaux, Barnave, le Feuillant qui a l'oreille de la reine depuis la fuite à Varennes. Marie-Antoinette impose également un nouveau venu, dont elle apprécie les satires acides contre les Jacobins, et qui se porte au secours d'un roi humilié, Alphonse de Martainville. Il vient accompagné de son ami, le duc Henry de Villemort, le grand-père du jeune impudent, mais furieux de cette impudence. Cette révolte lui paraît un déshonneur jeté sur le nom de sa famille.

Alphonse de Martainville et Henry de Villemort, après avoir pénétré dans le palais du côté de la cour du Carrousel par le vestibule du pavillon de l'Horloge, pris à droite l'escalier menant au premier étage, traversé la salle des Cent-Suisses, suivi les gardes qui leur ont fait parcourir en enfilade l'antichambre du roi et la chambre de parade par la galerie de Diane, sont introduits dans le grand cabinet. Louis XVI, assis sur un large fauteuil tendu de velours vert, les salue d'un signe ; il est encadré de sa sœur et de son épouse, les conseillers installés à ses côtés, à droite et à gauche, sur des tabourets ornés du même tissu.

La première à s'exprimer est Madame Élisabeth, qui s'emporte contre les « monstrueux enfants de l'anarchie ». La reine, qui après la séance est rentrée au palais silencieuse et accablée, tremble. Le roi se tasse dans son fauteuil et lui dit doucement : « Vous avez été témoin de cet outrage, vous êtes venue en France pour le partager... » La reine tombe à genoux devant lui, le serrant dans ses bras. La scène est touchante, le drame peut-être un peu forcé pour signifier à tous les présents la réelle indignation ressentie. Marie-Antoinette se plaint à Barnave de « ces individus qui croient faire de la peine en mettant toutes choses hors de leur place ». L'orateur promet d'éclairer un incident dont il minimise cependant la portée. Il connaît le jeune Villemort, dont il apprécie l'éloquence, dit-il, laissant entendre qu'il pourrait ne pas être insensible à l'approche discrète de son parti. « Retournons-le, suggère-t-il, et lors de la prochaine apparition de Sa Majesté à l'Assemblée, gageons que les impertinents se seront adoucis en courtisans. » Barnave tient avant tout à préserver l'équilibre : seule cette modération permettra au roi de conserver sa place au centre de l'édifice constitutionnel, et à l'Assemblée de gouverner au centre. Thouret appuie l'avis de Barnave et prône la conciliation : les modérés partisans de la royauté sont largement majoritaires parmi les députés, plaide-t-il ; hier, ils n'ont pas vu le mal et ont été manipulés, mais l'équilibre politique reste très favorable aux Feuillants et au régime en place. S'alarmer serait faire le jeu d'une petite minorité d'agitateurs démagogues.

Le roi se calme, mais la reine semble sceptique, malgré la considération qu'elle porte à Barnave. Martainville ne partage pas le point de vue de celui-ci et reprend le couplet du scandale : « On était hier en démocratie, en lieu d'hérésie, et les pitoyables et insolentes bagatelles des députés ont posé les bases du mode républicain. » Dramatisant l'incident, il capte l'attention de la reine, et insiste : c'est l'« absurde doctrine républicaine » qui a imposé cette cérémonie d'humiliation et ce serment indigne. Selon lui, il faut extirper le mal à la racine tant qu'il est encore temps. Attendre serait inconséquent et coupable, car l'esprit républicain est un poison qui, telle la gangrène, peut corrompre le corps français dans son entier. Les fauteurs de trouble se sont désignés d'eux-mêmes, cette « jacobinerie perfide autour des Villemort, traîtres à leur race ». Tout le monde, à cet instant, se tourne vers le patriarche livide, recroquevillé sur son tabouret vert. « Alors, monsieur le duc… » lui dit doucement le roi, interrogatif, qui n'ose pas prononcer le nom désormais scandaleux, pour inciter le vieillard à parler.

Henry de Villemort s'excuse de ce que le nom de sa famille soit ainsi cause de tant de troubles. Il évoque, sans les citer, les renégats qui le salissent et lui font personnellement éprouver une honte profonde, et qui méprisent une lignée qui s'est toujours souciée du bien monarchique. L'homme, menu et raide, a l'air si sincèrement affecté, si authentiquement contrit, que sa mine est son meilleur effet rhétorique. Mais, ajoute-t-il de sa voix faible et sifflante, voyons plus loin que cette humiliation cérémonielle, trouvons-y une réponse adéquate, qui y mette définitivement un terme. Le duc détaille alors un plan machiavélique mais sensé, consistant, sur le registre du double jeu, à attiser d'un côté le discours républicain belliciste, jetant la France dans une guerre face à l'Europe qu'elle ne pourra que perdre, et à prévenir d'autre part, en sous-main, les rois cousins des vraies intentions du monarque. Il défendra hypocritement la nation et la France, tout en souhaitant secrètement sa défaite et l'arrivée des troupes étrangères qui le restaureraient sur son trône. Puisque, conclut le vieillard, la stratégie du départ du roi vers les armées royales coalisées a échoué à Varennes, faisons venir ces mêmes armées à Paris. Il faut que la Révolution française déclare la guerre à l'Europe afin qu'elle soit renvoyée au néant.

La parole d'Henry de Villemort produit un grand effet. Le visage de la reine s'illumine, le roi est fasciné et décide sur-le-champ d'écrire à l'empereur d'Autriche, Léopold, pour relater l'humiliation qu'il vient de subir, le danger républicain qui monte en France, et appeler à la solidarité des rois de l'Europe ; une lettre qu'il faut tenir secrète et que le baron de Goguelat, secrétaire du cabinet de la reine, proche des troupes impériales autrichiennes, ira immédiatement porter à la cour de Vienne. Puisqu'il faut la guerre pour sauver la monarchie, allons à la guerre, attisons les braises nationalistes, jouons du vieux réflexe belliciste des Français. Barnave fait grise mine, comprenant que le système patiemment mis en place d'un roi qui accepte la Révolution, d'une Révolution qui apprivoise un roi, va voler en éclats au contact des diatribes guerrières de ses collègues. Louis XVI est rasséréné soudain, puisqu'on lui a offert une stratégie à laquelle se tenir, et l'hypocrisie qu'elle implique ne le gêne plus car il souhaite désormais, depuis les humiliations successives de Varennes et de l'Assemblée, la défaite de la France. Martainville et Villemort ont gagné la partie. Tous murmurent : « Allons à la guerre... »

Au même moment, à l'autre bout de Paris, à l'intérieur de la barrière de la Villette, l'atmosphère est à l'impatience. Equiano et Télémaque tentent d'organiser cette attente. Dans l'immense entrepôt, un millier de gens de couleur – pour la plupart des Noirs mais aussi quelques Indiens d'Amérique – et des Blancs ralliés à la cause antiesclavagiste sont assemblés et écoutent leurs meneurs. Equiano et Télémaque ont accueilli ici leurs frères en nombre, venus pour y trouver un refuge et parce que, simples domestiques, cochers, soldats, la rumeur les y a appelés. Beaucoup souhaitent s'engager et partir fonder une République noire à Saint-Domingue. Les « nègres marrons » fuient l'esclavage et se regroupent en petites communautés affranchies et clandestines dans les montagnes des îles Caraïbes ; là, ils se sont retrouvés en plein Paris. Il a donc fallu les rassembler, les nourrir, les loger, les protéger, malgré leur diversité et leurs intérêts souvent contradictoires.

L'ordre était nécessaire. Architectural tout d'abord. On a construit ingénieusement, grâce à des cloisons d'un bois récupéré dans une scierie désaffectée située au bout du bassin de la Villette, des box suffisamment nombreux et grands pour loger chacun vingt réfugiés, une cinquantaine de ces dortoirs étant disposés côte à côte en quinconce dans la partie nord de la rotonde. Grâce à une dérivation pratiquée dans une écluse menant au bassin, l'eau courante circule dans de petites tranchées creusées entre les box, ce qui maintient une hygiène décente. Un réfectoire a été aménagé à l'étage, où travaillent des cuisiniers et des cantiniers – il n'y a aucune femme sur place. L'ancien aide-cuisinier des gardes de la reine, le mulâtre Maxence Boulingrin, qui a fui son service en octobre 1789, dirige ce poste de restauration d'une main de maître. Il a fallu fonder une intendance, qui négocie discrètement la récupération d'une nourriture destinée aux courtilles de

Belleville et de Ménilmontant, qui n'en manquent pas ; une lingerie, qui permet d'habiller les hommes en civil et de confectionner les futurs uniformes de la petite armée ; et une police, qui maintient l'ordre au sein d'une population mâle en constante augmentation, masse relativement dissipée et volontiers querelleuse. Enfin, Equiano et Télémaque ont eu l'intelligence d'introduire à la barrière de la Villette un système politique, où chaque box possède son représentant soit au total une cinquantaine d'hommes, qui élisent tous les six mois une sorte de gouvernement, appelé à gérer les affaires courantes, à départager les disputes, à coordonner les liens avec l'extérieur, notamment les sociétés alliées et les soutiens nécessaires en haut lieu. Encore plus essentiel, il s'agit d'élaborer la future Constitution de la République noire, dotée, sur les modèles américain et français, d'une « Déclaration des droits de l'homme noir ». Equiano et Télémaque, quant à eux, fondateurs charismatiques, semblent au-dessus de la représentation et des lois, tels les proconsuls de l'utopie.

L'argent nécessaire à cette communauté autonome et autosuffisante, et les principales protections, indispensables pour qu'un tel micro-État puisse exister en bordure immédiate de la capitale de la Révolution, viennent du Cercle des amis des Noirs, société qui joue un rôle capital dans l'entreprise. Fondé à Paris en février 1788, sous la direction de Brissot, Clavière, Carra, Mirabeau, il émane d'un milieu abolitionniste d'écrivains, de journalistes ou de financiers, noyau de quelques futurs républicains influents. Parmi ses cent quarante-deux membres, au début de l'année 1789, on compte ainsi Condorcet, l'abbé Grégoire, Pétion, mais également des personnalités du gratin, tels La Fayette ou le duc de La Rochefoucauld. Le Cercle des amis des Noirs fait campagne pour l'abolition de la traite des esclaves, et jouit de solides relais dans la presse des débuts de la Révolution. Face à lui se dresse un puissant parti, coalition des planteurs de Saint-Domingue et des négociants des grandes villes portuaires, Bordeaux, Nantes, Le Havre, pour qui le commerce de la canne est essentiel à leur survie. Ces derniers font passer vers la presse et le monde politique le message d'un inévitable chaos en cas d'abolition. Le refuge de la barrière de la Villette revêt pour le Cercle des amis des Noirs une importance secrète mais capitale : s'y invente, comme dans un laboratoire, le monde sans esclaves désiré telle une utopie fraternelle.

Une délégation est annoncée, de la plus haute importance. Portée par cet espoir, la communauté des Noirs se tient debout et tangue, tandis que des chants montent des rangs, en kreyol, sur des rythmes entêtants. Il faut une heure environ pour que cette houle régulière et murmurante se transforme en un rite vaudou, invoqué par les appels et les cris, animé de gestes contrastés et d'yeux révulsés, provoquant transes et tremblements. Les zombies s'emparent alors de certains corps, autour desquels les autres se regroupent en cercle, captant leur énergie et leur pouvoir. Réanimés par la magie d'un sorcier, les zombies du vaudou sont des êtres de chair dépourvus d'esprit, demeurés morts, corps hantés sans manifestation personnelle de volonté, purs instruments du sacré et du groupe, mais aussi symboles de la communion avec l'autre, les morts, le passé, l'autre rive, l'autre continent, l'Afrique des ancêtres, avec cette sauvagerie de l'altérité, aux pouvoirs surnaturels et naturels. Les zombies vaudous portent une revendication : ils sont là, de plus en plus nombreux, pour dévorer les vivants, c'est-à-dire la chair de la France trop riche des planteurs, des colons et des rentiers, qui refusent de voir la misère, l'esclavage, refusent d'arrêter la traite des nègres. Cette zombification est à la fois terrible, échappant aux forces de la raison, et exemplaire, car elle porte la justice et la réparation de la pire des violences. Elle possède une incomparable énergie politique, fondée sur la souffrance partagée. Tant qu'il n'y aura pas abolition et réparation, il n'y aura pas d'espoir de rémission. Si la société des Blancs se nourrit des Noirs, elle sera dévorée par eux.

Peu à peu, les corps noirs se calment, certains se recroquevillent, s'endorment, les pupilles reprennent leur place et les yeux voient la réalité du présent, non l'au-delà, le passé ou le futur ; les gestes s'harmonisent, le tempo ralentit puis s'arrête. Rarement aura-t-on vu, cependant, une transe emporter ainsi près d'un millier d'hommes vers les rives fantomatiques de l'ailleurs.

Sortant des rangs, comme s'ils portaient eux-mêmes cette énergie vaudoue, comme s'ils avaient traversé la transe, montant sur l'estrade d'un bond, les hommes de la délégation sont applaudis à tout rompre, salués par une clameur et un grondement de satisfaction. À droite, le chevalier de Saint-George, mulâtre fin et élégant qui porte le gilet, la culotte de soie, l'épée au côté, musicien doué et meilleur escrimeur de son temps, « l'homme le plus prodigieux qu'on ait vu dans les armes », a-t-on lu dans la presse européenne après son duel public fameux, devant le prince de Galles, en avril 1787, face à la chevalière d'Éon.

Au centre s'avance Désiré-Louis Magnificat, lieutenant mulâtre des dragons de la reine puis de la garde nationale, figure charismatique, bel athlète d'un mètre quatre-vingt-cinq, imposant dans son costume bleu ceint de tricolore. Il fait sensation en annonçant sa prise de commandement de la Légion franche des hommes de couleur, dont la barrière de la Villette constituera le gros des premières troupes. De plus, il arrive des Antilles et annonce le récent soulèvement des esclaves de Saint-Domingue, salué par les vivats. Dans la forêt de Bois Caïman, dans la plaine du Nord, raconte-t-il, des centaines d'esclaves marrons menés par

Dutty Boukman et Georges Biassou ont juré de libérer Saint-Domingue, fût-ce au prix de leur vie.

À sa gauche se tient William de Villemort, protecteur et ami de la barrière, « l'Américain » dont se réclament Equiano et Télémaque, représentant le Cercle des amis des Noirs, auquel il a adhéré dès son arrivée en France, pour y militer activement et poursuivre la cause abolitionniste, combat qui l'avait rendu fameux outre-Atlantique à l'occasion du procès de l'affaire du navire négrier *Zong* en 1787. Villemort, après avoir pris dans ses bras Saint-George et Magnificat, puis prêté serment de fidélité à l'assemblée de la barrière, saute à terre, suivi des deux militaires. Le trio traverse la foule noire qui s'écarte en une haie d'honneur, quitte la salle, formant une députation qui va porter les revendications des hommes de couleur devant la Législative.

À la tête de cette « délégation fraternelle des hommes », William de Villemort entre dans la salle du Manège. Ils sont reçus avec les honneurs de la séance. On peut reconnaître, outre Saint-George, Magnificat, Equiano et Télémaque, des révolutionnaires et républicains venus de plusieurs pays, l'Italien Daniele Fortunole, l'Anglais Thomas Paine, l'Allemand Anacharsis Cloots, l'Américain Thomas Jefferson. L'enthousiasme dans la salle est exalté par la solidarité entre peuples frères et le soutien que le monde entier semble ici apporter à la Révolution française. William de Villemort et

Désiré-Louis Magnificat montent à la tribune. Le second dit : « Législateurs, nous sommes en petit nombre, mais si vous daignez seconder notre zèle, il s'augmentera et nous formerons un corps militaire nombreux. Si la Nature, inépuisable dans ses combinaisons, nous a différenciés des Français par des signes extérieurs, d'un autre côté elle nous a rendus parfaitement semblables en nous donnant comme à eux un cœur brûlant de combattre les ennemis de la Révolution. Nous faisons le serment de verser notre sang de couleur pour la défense de la Révolution. »

Le premier fait entendre deux revendications : l'abolition de l'esclavage et la création d'une Légion franche des hommes de couleur, l'armée noire encadrée par Saint-George et Magnificat. La seconde est acceptée sur-le-champ, la Législative décrétant l'« organisation de la Légion franche des hommes de couleur, armée à l'instar des régiments d'infanterie », faisant ainsi sortir la barrière de la Villette de sa clandestinité. La Trésorerie nationale tient à la disposition du ministre de la Guerre la somme de 175 000 livres pour solde et appointements de ces mille hommes de couleur, et 385 000 livres pour les dépenses de première mise, relatives à l'habillement et l'équipement de la troupe. Mais la première revendication divise encore l'Assemblée, qui reconnaît certes ce jour-là l'égalité juridique des droits pour les nés libres et les affranchis de couleur, mais rien n'est dit, par contre, sur l'abolition de l'esclavage. William de Villemort est prêt à continuer ce combat.

Marie de Méricourt accourt affolée chez Louis Villemort. Leurs retrouvailles, deux jours plus tôt, ont parachevé, une nouvelle nuit durant, la sculpture d'amour qui leur tient lieu de talisman. Mais elle se précipite cette fois car sa mère, Pélagie, a été arrêtée par les agents autrichiens à Liège, la cité de ses origines où elle était retournée quelques semaines, ville-principauté faisant partie de l'Empire. Louis décide de rendre immédiatement la nouvelle publique et lance l'alarme à l'Assemblée nationale. L'annonce crée un émoi profond. L'ambassadeur d'Autriche est convoqué par le ministre des Affaires étrangères, tandis qu'Antoine de Méricourt récupère quelques informations secrètes auprès de Mercy-Argenteau, l'ancien ambassadeur, désormais en poste à Londres, diplomate au service de l'Empire et Liégeois lui aussi. Selon ses confidences, le coup est parti de Paris, des Tuileries même ; Méricourt et Villemort soupçonnent fortement Martainville d'avoir dénoncé la présence de la révolutionnaire. Par Mercy, les deux hommes apprennent que Pélagie de Méricourt est conduite par chaise de poste verrouillée pour être internée dans la forteresse de Kufstein, dans les montagnes du Tyrol, et interrogée par les agents du chancelier Kaunitz, qui la soupçonnent de fomenter un complot subversif contre la principauté de Liège.

Aux Cordeliers, Méricourt lance une virulente diatribe belliciste, reprise par les Girondins à l'Assemblée nationale. Le premier met en garde les rois coalisés : « Disons à l'Europe que, si les cabinets engagent les rois dans une guerre contre les peuples, nous engagerons les peuples dans une guerre contre les rois. » Les seconds s'installent à la proue de ce vaisseau de la France en colère, et soufflent un vent de confiance, celui qui pousse au conflit avec plus de certitude encore : « Une nation qui veut la liberté n'aurait pas le sentiment de sa force si elle se trouvait paralysée par la terreur devant la puissance supposée de quelques individus. Quand la volonté générale est aussi fortement prononcée qu'elle l'est en France, en arrêter l'effet n'est au pouvoir de personne, m'entendez-vous ! » avertit Brissot en désignant aussi bien les craintifs et pacifistes en France que les provocateurs des trônes d'Europe.

Ils ne sont pas nombreux ceux qui modèrent ces enthousiasmes et craignent les effets rhétoriques, puis les conséquences dramatiques, des discours bellicistes. Marat et Desmoulins aux Cordeliers, qui y affrontent en minorité l'exubérance personnellement meurtrie de Méricourt. Robespierre aux Jacobins, qui contredit vivement Louis Villemort, tout en respectant, dit-il, son courage. L'Incorruptible regarde avec méfiance les rodomontades guerrières, y soupçonnant le piège royaliste : « Voyez-vous, dit-il aux Jacobins comme s'il répondait à Villemort, que le plan de cette guerre perfide, par laquelle on veut nous livrer aux rois de l'Europe, sort justement du palais de notre roi. » Quant à la victoire facile et à la fraternité des peuples qui bouteraient les souverains hors de leur trône, il n'y croit pas une seconde, redoutant des défaites, prévoyant un conflit épuisant, et certain, au contraire, que les peuples n'accueilleront pas comme des libérateurs ceux qui apporteront la liberté au bout de leurs fusils.

La victoire n'a pas encore choisi son camp entre bellicistes et pacifistes quand Pélagie de Méricourt est libérée par Léopold d'Autriche. Elle n'aura passé que deux semaines dans sa forteresse tyrolienne, le temps pour Kaunitz de l'épuiser et de lui faire la leçon. La nouvelle la précède de quelques jours et déclenche à travers Paris une indescriptible joie. Alors que la thèse des rois pyromanes avancée par Robespierre pourrait se trouver confortée par cette soudaine libération, elle est au contraire balayée par l'enthousiasme d'une victoire promise. Regardez comme les rois nous craignent, regardez comme ils ont peur d'un peuple debout, regardez comme la colère de cet Hercule va bientôt faire valser leur couronne : voilà la vision que, assez spontanément, la France révolutionnaire se fait de l'événement.

Une délégation est envoyée vers Pélagie, pour l'accueillir à son entrée en France, à Strasbourg, elle est composée de son époux, Antoine, de sa fille Marie et de son quasi-beau-fils, Louis Villemort. La presse est pleine de ce récit édifiant d'une famille recomposée dans l'adversité. Et quelle famille ! La voix du peuple accompagnée par la déesse de la Raison réincarnée et par le plus prometteur des jeunes républicains français, tous rejoignant la tigresse de la Révolution. Dans la voiture qui, à vive allure, les conduit tous les quatre à Paris, Louis est intronisé gendre idéal de la Révolution.

Tandis que Pélagie de Méricourt est accueillie sous les acclamations unanimes par Nicolas de Condorcet, le président de l'Assemblée nationale en ce fiévreux printemps 1792, Antoine, Marie et Louis l'accompagnent dans l'allée du Manège menant au bureau présidentiel. Ils partagent les honneurs de la séance législative. La belle Liégeoise monte auprès de Condorcet et, debout comme une reine, remercie les députés, Paris, la France. Alors que ce mois de capture, d'interrogatoires, d'enfermement, l'a abîmée et vieillie, elle trouve la force de lancer une dernière flamme dans le feu qui emporte la nation vers la guerre, offrant d'y prendre sa part en première ligne par la création d'une « phalange d'amazones », exigeant des députés – qui ne peuvent rien lui refuser – le droit de former et de diriger avec sa fille une garde nationale féminine. Assorti du verbe patriotique et guerrier, son discours féministe est enfin écouté : « Brisons nos fers, il est temps enfin que les femmes sortent de leur honteuse nullité où l'ignorance, l'orgueil et l'injustice des hommes les tiennent asservies depuis si longtemps. » Elle réclame l'égalité politique pour les femmes, ainsi que le droit de porter des armes. Mais, comme pour les esclaves précédemment, cette écoute ne prélude pas à une action immédiate.

Par contre, la guerre avec l'Europe des rois survient très vite : moins de deux semaines après le retour de Pélagie de Méricourt, Louis XVI, grave et patriote en apparence, réjoui et royal en son for intérieur, se présente le 20 avril 1792 devant les députés pour déclarer la guerre au roi de Bohême et de Hongrie, titre désignant la maison d'Autriche. Au même moment, dans la chambre d'amour des Deux Pavillons, une jeune amazone chevauche son bel étalon, empalée à en hurler de plaisir sur la queue raide de son amant.

Mais la guerre, sur laquelle comptait Louis XVI, se retourne contre lui. Le plan du duc de Villemort, mis en action par Alphonse de Martainville, a trop bien marché : en six mois, la guerre est là, certes, mais en trois mois supplémentaires elle fait vaciller le trône. Les révolutionnaires comprennent, dès les premières défaites, que la guerre sera plus longue et plus dure à mener qu'ils ne l'ont imaginé. Le 18 mai 1792, la situation est si catastrophique que La Fayette, commandant l'armée de la Meuse, sollicite le roi pour demander la paix. Le 6 juillet, la Prusse entre à son tour dans le conflit, avançant ses armées vers les frontières du Nord et de l'Est. Pressée, acculée, l'Assemblée déclare le 11 juillet la « Patrie en danger ». Enfin, le 1er août, est connu le manifeste de Brunswick, chef de l'armée prussienne qui campe à deux cents kilomètres de Paris, promettant « une exécution militaire et une subversion totale » s'il est fait la moindre violence à la famille royale. Loin d'intimider la population, cette proclamation contribue à précipiter les événements. Les révolutionnaires savent désormais avec certitude que le pouvoir royal leur est hostile. L'insurrection, menée par les Jacobins, les Cordeliers, les Girondins, regroupés en une Commune insurrectionnelle, et le peuple de Paris, tous ralliés à la république, est en marche pour détrôner le roi de France.

Louis et William de Villemort sont plongés dans ce tumulte, cousinant aux Jacobins, mais également à l'Assemblée pour le cadet et à la Commune insurrectionnelle pour l'aîné. Ils comprennent que la chute du roi, donc la prise du château des Tuileries, est la seule issue pour sauver la patrie de l'humiliation d'une défaite. Seule la proclamation de la république, avec son effet mobilisateur et son énergie politique, peut insuffler un sursaut tel qu'il fasse battre en retraite les armées étrangères. Mais pour « frapper les Tuileries », selon la formule de William aux Jacobins, les Villemort cherchent un bras armé : seuls, ils ont le pouvoir des mots, de la ruse, de l'enthousiasme, des lois parfois, mais pas celui de marcher sur un palais royal défendu par mille trois cents gardes suisses, de bons professionnels de la guerre, disciplinés et dévoués.

Par l'intermédiaire d'Antoine de Méricourt, les Villemort rencontrent cet homme providentiel qui, parmi d'autres militaires et chefs de section à Paris, peut mettre une force armée à la disposition des meneurs politiques de l'insurrection. À la Commune, Danton s'appuie sur Santerre, le « général des sans-culottes », commandant la section du faubourg Saint-Antoine riche de près de dix mille hommes en armes ; à l'Assemblée, les Girondins peuvent compter sur les fédérés montés de province, les Marseillais ou les Bretons par exemple, soit une armée de cinq mille volontaires. Il reste les bataillons révolutionnaires de la garde nationale, environ huit mille hommes. Les Villemort cherchent à les mobiliser en les intégrant dans la préparation de plus en plus urgente de l'assaut. Un premier échec, le 20 juin 1792, a démontré que la prise des Tuileries ne serait pas aisée et qu'elle nécessite une force armée supérieure.

Le 3 juillet, chez Ramponneau, le cabaretier de la courtille, ils rencontrent Jean Rossignol, l'un des commandants de la garde nationale, à la tête d'un de ses bataillons les plus fameux, les Vainqueurs de la Bastille. Rossignol, avec sa bonne tête fatiguée et multicouturée de militaire du peuple – il a trente-trois ans mais en paraît près du double –, tient table ouverte certains soirs de la semaine chez

Ramponneau et les accueille d'un sonore : « Je suis né d'une famille pauvre », ce qui n'est pas courant à l'époque chez les hauts gradés. Son destin est l'un des plus curieux de la Révolution, puisque ce fils du peuple, autodidacte, sans-culotte du faubourg Saint-Antoine, deviendra l'un des généraux les plus célèbres de l'an II, commandant en chef des armées républicaines en Vendée. Cadet de cinq enfants, il habite aux alentours du port Saint-Paul, à l'ombre de la Bastille. Jeune, il comprend qu'il est fait pour le métier des armes, une carrière militaire saisie à pleines mains. « Dans l'Ancien Régime, lance-t-il, je pouvais tout au plus espérer, après quinze années de service, devenir caporal ou sergent. Dans le nouveau, je suis général en chef. » Cette promotion révolutionnaire, il la doit à une plus grande égalité devant les honneurs, mais aussi à son rôle lors de la prise de la Bastille, durant laquelle, simple sous-officier de la garde nationale, il dirige l'assaut à la suite de la défection de son chef.

Cette prise décide du reste de son existence : il obtient de la Commune de Paris qu'elle crée un corps militaire des Vainqueurs de la Bastille et prend la tête de ce petit régiment prestigieux d'une centaine d'hommes. Le voilà désormais soldat de la Révolution, le seul titre dont il s'enorgueillit. En ce mois de juillet 1792, Rossignol joue un rôle actif dans la préparation de l'assaut, membre de la Commune insurrectionnelle, désigné comme l'un des trois commandants en chef des huit mille gardes nationaux. Cherchant alliance avec des chefs politiques, il accepte de mettre sa puissance de feu et son charisme au service des Jacobins. C'est un allié de poids pour les Villemort, leur bras armé. Avant de les laisser repartir de chez Ramponneau, ce soir-là, il ouvre sa chemise et montre la médaille qui pend sur la poitrine, où est gravé le titre de « Fondateur de la République », puis explose d'un énorme éclat de rire.

Rien n'est joué au soir du 9 août 1792. Les forces sont certes disproportionnées, puisque environ trente mille assaillants font face à deux mille soldats et gentilshommes gardant le château ; pourtant personne ne sait comment vont réagir les uns et les autres. Le premier signal de l'insurrection vient de la section des Quinze-Vingts, au faubourg Saint-Antoine, qui déclare le 9 août en fin de journée que, si le détrônement de Louis XVI n'est pas prononcé le jour même, à minuit elle sonnera le tocsin et attaquera les Tuileries. La totalité des quarante-huit sections de Paris, moins une, suit cet ultimatum. À minuit, le tocsin sonne. Les insurgés nomment un comité provisoire de la Commune, qui dirige l'action depuis l'Hôtel de Ville. Une soixantaine de députés, réveillés par le tocsin, démarrent une longue session d'urgence sous la présidence de Vergniaud. Présent à ce moment-là, Louis Villemort quitte le Manège à 5 heures du matin, pour se rendre à hauteur du Palais-Royal, côté Seine, où il retrouve son oncle avec Rossignol et une partie de la garde nationale, en route vers les Tuileries. Devant marchent les fédérés, avec en tête les Marseillais. Ensuite viennent les sections parisiennes, le gros des troupes. Enfin les bataillons de la garde nationale.

Du côté des assiégés, on se prépare tout autant. Dans la nuit, la reine convoque dans son appartement les deux chefs des gentilshommes qui défendent le château, le vieux maréchal de Mailly et le plus jeune Alphonse de Martainville, ce dernier ayant pour seul titre, mais il compte chez les royalistes, celui de Chevalier du poignard. Marie-Antoinette a décidé de résister par la force. Il faut faire coexister trois corps d'armée disparates. Un bon millier de Suisses, braves et obéissants jusqu'à la mort, combattant groupés entre habits rouges. La cohabitation est plus délicate entre les deux bataillons de la garde nationale du château, cantonnés sur place avec environ six cents hommes, et les nobles qui arrivent en nombre, plus d'un demi-millier, habillés civilement, portant l'épée ou le pistolet plutôt que le fusil, condescendants avec les soldats bourgeois. Le commandant de la garde nationale des Tuileries, Mandat, proteste ainsi contre la présence d'« aristocrates irréguliers », arguant qu'ils décourageraient le zèle des constitutionnels. La reine réplique sèchement : « Ce sont des hommes sûrs. » Ces nobles n'ont plus rien à perdre et se regroupent par affinités amicales, régionales ou selon les anciens régiments royaux qu'ils servaient ; ils sont courageux, mais sans ordre et imparfaitement armés. Tous anciens officiers ou chevaliers de Saint-Louis, ils peuvent cependant faire du tort aux assaillants car la plupart sont habiles, excellents bretteurs, rapides, efficaces dans les combats de près. Mailly étant trop vieux, presque impotent, constamment assis sur une chaise, Martainville en est le seul chef ; il dicte la stratégie et ne prend d'ordre que de la reine. Après tout, c'est sa guerre : avec Henry de Villemort, ils l'ont conçue et voulue, ils l'ont eue ; désormais, elle se présente directement aux portes du palais.

À 5 heures, le roi passe ses troupes en revue dans la cour extérieure des Tuileries. Les cris de « Vive le roi ! » retentissent. Mais Louis XVI n'est pas en forme ; il a tenu à dormir deux heures... Soit pas assez, soit deux de trop, et sa figure molle porte la coiffure aplatie et défrisée d'un côté. Il s'est vêtu en hâte d'un habit violet, alors qu'il s'agit de la couleur du deuil royal. Le maréchal de Mailly tombe de sa chaise et se jette à ses pieds, tirant son épée, jurant de vaincre ou mourir pour le petit-fils d'Henri IV. La scène touche au ridicule, caricaturant ce qui pouvait rester de noblesse en ces hommes parés de noir, comme s'ils arboraient, eux aussi, le deuil de la monarchie. Lorsque Louis XVI se retire dans sa chambre à coucher, devant ce spectacle pathétique, un demi-bataillon de la garde nationale change de camp, quitte sa position pour se placer près du pont Royal, et tourne ses canons contre le château. Au même moment, la garde rapprochée de la reine, deux cents derniers défenseurs, armés de pistolets, de poignards, de couteaux de chasse, d'épées, sous le commandement de Louis-Charles d'Hervilly, prend place dans les appartements royaux, disposée à lutter pied à pied derrière chaque sofa et chaque canapé.

Le long cortège des assaillants aux uniformes dépareillés, à dominante bleue, s'ébroue lentement dans un bruit d'enfer depuis le centre ou l'est de Paris, chaque régiment traînant ses canons, les tambours battant la générale, les officiers hurlant les ordres. Quelques chants s'élèvent çà et là. Au *Ça ira* de l'été 1790 a succédé le *Chant de guerre pour l'armée du Rhin*, que se sont approprié les fédérés de Marseille, et qu'on dénomme pour la première fois *La Marseillaise* à cette occasion. Les Villemort, à cheval, trottent fièrement aux côtés de Jean Rossignol. D'autres troupes, tels des affluents plus ou moins larges, rejoignent le lit principal du fleuve humain qui traverse Paris. Sur la rive gauche, les hommes du faubourg Saint-Marcel arrivent par le Pont-Neuf, plusieurs milliers, précédés de tambours qui résonnent et répondent aux acclamations des soldats de la rive droite.

Au niveau du pavillon de l'Horloge, soudain, apparaît par le nord le millier d'hommes de couleur de la nouvelle Légion franche, menée à cheval par le général Magnificat et le chevalier de Saint-George. Le noir éclatant des peaux contraste avec les uniformes blancs à parements tricolores, l'effet est spectaculaire, provoquant l'enthousiasme des troupes qui montent à l'assaut. Plus loin, c'est un autre saisissement : voici une cinquantaine de femmes à cheval, tenue grise, arc et carquois en bandoulière, large chapeau à nœud tricolore. La garde nationale féminine, la phalange des amazones, avec à sa tête Pélagie et Marie de Méricourt, salue les troupes masculines qui passent, ravies. Dans la contemplation de soi-même, à travers ses différentes forces et ses diverses apparences, une armée en marche prend vie dans l'aube d'une journée chaude et claire.

À 8 heures, une première vague d'insurgés part à l'assaut des Tuileries. L'avant-garde des faubourgs, précédée des fédérés marseillais et bretons, se déploie. À peine ont-ils fait vingt pas que le feu est ouvert, sans que l'on sache de quel côté le premier coup est parti, ni s'il a été intentionnel. Dans la cour du château, la garde suisse a d'abord l'avantage. Bien disposés, à l'arrêt, la ligne de mire réglée, ces soldats sont efficaces et leurs coups de feu font souvent mouche. Les premiers rangs des assaillants sont décimés, notamment les hommes à piques des sections, les plus avancés. Mais, malgré les morts, les fédérés et les sections continuent de progresser. Bientôt, les Suisses sont largement dépassés en nombre par les forces adverses, soutenues par des canons. De plus, ils sont pris sur le flanc par la cavalerie de la garde nationale intelligemment disposée par Rossignol en deçà de la galerie du Louvre. Les Suisses se replient et refluent vers l'entrée principale du palais.

Les combats marquent une première pause. On compte les morts, on secourt les blessés, on recharge les fusils, on reprend son souffle, on boit un coup d'eau-de-vie, on attend. Les Villemort se sont séparés. William, qui est un soldat pourvu de l'expérience du combat, s'est joint à la cavalerie de la garde nationale, accompagnant la charge décisive sur le flanc droit de la garde suisse. Il a retrouvé l'odeur de poudre, la peur au ventre et la cavalcade des champs de bataille américains. Louis, en retrait mais en hauteur, observe les manœuvres aux côtés de Rossignol, installé au-dessus de la porte de Rohan, au nord-est des combats.

L'infanterie de la garde nationale retourne à l'attaque, appuyée sur sa droite par la Légion franche des hommes de couleur. À l'avant-garde, les plus impatients des sections se projettent encore, atteignant en tête le vestibule du palais, puis le bas du grand escalier qui monte majestueusement à la chapelle. Là, les attendent les Suisses, en ordre sur les marches, pointant leurs fusils en contrebas. Immobiles, silencieux, ils couchent en joue la foule des assaillants, qui s'arrêtent. Tous hésitent. Les Suisses vont-ils tirer ? Les assaillants parlementent, appellent à la fraternité, tentent d'attirer les habits rouges. Lorsque les officiers commencent à craindre la connivence, ils ordonnent le feu, qui claque comme le tonnerre, étagé de haut en bas de l'escalier, presque à bout portant. L'effet est épouvantable, tout coup est mortel ; le carnage fait chanceler la masse des sections, qui s'affaisse sur elle-même. Nul de ceux qui sont entrés dans le vestibule n'en réchappe. Plus de deux cents hommes périssent dans cet endroit fatal.

Les Suisses, du coup, avancent, enjambant les cadavres, de même que l'armée des gentilshommes. Les premiers progressent jusqu'au pavillon de Flore, tandis que les nobles atteignent celui de l'Horloge. Martainville, qui mène l'assaut avec le maréchal de Noailles, se croit vainqueur ; il envisage même de marcher sur l'Assemblée nationale, qui n'est plus distante que de quelques longueurs. Et si le roi et la cour remportaient le combat ? Et si le plan du duc de Villemort prenait malgré tout, sortant vainqueur par la guerre – mais une guerre intérieure – de la Révolution écrasée ? L'Assemblée, avertie par Louis Villemort qui, laissant brusquement son point d'observation, galope à sa porte, se voit à sa dernière heure. Quand il y pénètre, pâle et palpitant, annonçant l'arrivée probable des royalistes, exigeant qu'on barricade les entrées, un mouvement de stupeur parcourt les rangs des députés, qui se croient sur le point d'être massacrés, tout au moins prisonniers d'un roi qu'ils pensaient prendre.

Les fédérés repartent cependant au combat. Ils passent les guichets du côté du quai de Seine, voient les Suisses en bataille entre le pavillon de Flore et le Carrousel, et tirent à brûle-pourpoint deux coups à mitraille de leurs petits canons. L'effet est surprenant et fort. Les soldats suisses rentrent sans attendre dans le palais, laissant leurs blessés. En première ligne, du côté des défenseurs, se retrouve soudain placée la garde nationale du château, moins rapide et moins disciplinée. Rossignol fait habilement manœuvrer sa garde révolutionnaire afin qu'elle se retrouve au contact de la garde des Tuileries. Et là, dans la cour du palais, le vent change d'un coup de sens quand les deux gardes nationales fraternisent, la défensive avec l'assaillante. Les chapeaux sont jetés en l'air, les fusils mis bas, les cris de « Vive la nation ! » résonnent, et les étreintes commencent. Le combat change d'âme.

Les Suisses refluent à l'intérieur du palais ; Martainville et les nobles battent en retraite le long de la galerie nord, heureux de rester les maîtres du grand escalier qui leur permettra de s'échapper *in fine*, laissant moins de victimes dans l'affrontement.

Au centre, devant la façade des Tuileries, est donné le dernier assaut. La centaine de fenêtres scintille d'éclairs, la fumée s'épaissit, on tire comme dans la nuit. Les soldats de Paris sont trop nombreux pour les défenseurs ; ils avancent inexorablement, malgré leurs pertes. Ils sont bientôt assez proches pour lancer des gargousses d'artillerie dont les explosions font sauter les toits, désencadrent les fenêtres, renversent les murs et jettent l'incendie dans la part sud du palais. En première ligne, payant un lourd tribut à son premier assaut, la Légion franche des hommes de couleur fait front, combattant comme des tigres. Et quand on y voit plus clair, lorsque les assaillants pénètrent enfin dans le palais, les habits blancs ceinturés de tricolore font face aux habits rouges, les peaux noires face aux plus pâles des soldats européens.

Le château est forcé. Louis XVI et la reine se réfugient au sein de l'Assemblée nationale, le seul endroit où ils peuvent être encore en sécurité. Les députés, qui se croyaient morts peu de temps auparavant, voient ainsi arriver, soulagés, étonnés, ravis, la petite escorte royale, non les troupes royalistes. Un grenadier de la reine se présente le premier, tenant le dauphin dans ses bras, le déposant sur le bureau des secrétaires sous les plus vifs applaudissements. La reine entre avec dignité, suivie par Madame, sa fille, et Madame Élisabeth, qui se place au banc des ministres. Le roi se rend auprès du président, Vergniaud, et dit calmement : « Je suis venu ici pour éviter un grand crime, et je me croirai toujours en sûreté avec ma famille, au milieu des représentants de la nation. » Sous les acclamations, il ajoute : « J'y passerai la journée. »

Louis Villemort est debout dans le coin gauche de l'hémicycle, ne ratant rien de la scène historique. D'un coup d'œil, il voit entrer en tribune Marie de Méricourt et Sophie Lepeletier, et leur adresse un signe affectueux. Un capitaine suisse, Turler, vient demander au roi s'il faut déposer les armes. Après avoir entendu le rapport du procureur général, Roederer, qui annonce à l'Assemblée que le château est tombé, Louis XVI donne l'ordre aux Suisses de ne plus tirer.

La foule des soldats envahit la cour du château et gagne les étages. Les gardes suisses battent en retraite à travers le palais et se retirent dans les jardins à l'arrière de l'édifice. Près de la fontaine centrale des Tuileries, ils sont taillés en pièces par les assaillants de toute sorte ; d'autres, restés dans le palais, sont pourchassés et massacrés, de même qu'un certain nombre de domestiques et de courtisans ne pouvant se mêler à la foule. Des mille trois cents Suisses présents aux Tuileries, les deux tiers sont tués au combat ou en tentant de se rendre.

Pendant ce temps, William de Villemort cherche son neveu à travers le château. Rossignol, entré par l'aile nord du palais au milieu de ses troupes les plus fidèles, le bataillon des Vainqueurs de la Bastille, n'a pas pu le rassurer sur son sort. Inquiet, William passe de pièce en pièce, sans savoir que son neveu est à l'Assemblée. Il protège quelques Suisses en les cachant derrière des tentures ou dans un petit cabinet discret, ne peut en sauver certains, mis à mort devant ses yeux avec un acharnement qui le révulse. Dans un coin du salon de la reine, il assiste même à une scène d'anthropophagie, deux hommes déchirant à pleines dents le bras d'un pauvre domestique qui avait eu le malheur de se saisir d'un couteau pour résister à ses poursuivants. Mis en lambeaux, ses membres sont dispersés, son sexe mutilé, son cœur arraché pour être proposé en plat de consistance d'un repas de chair humaine par un géant barbu qui le tient à bout de bras et commence à le lécher. Villemort voudrait intervenir, mais sait bien qu'il y risquerait sa vie et qu'il en serait incapable, paralysé par ces terribles tableaux sanglants. Il se précipite alors vers le fond du château par la galerie nord pour aller à l'air. Là, soudain, près du grand escalier de Catherine de Médicis, il fait face à Alphonse de Martainville, qui suit la retraite des nobles ayant combattu sous ses ordres.

Les deux hommes, au milieu des tumultes, des incendies, des tueries, des hurlements de colère ou des cris de désespoir, sortent leur épée. Ils se combattent à l'ancienne, en duel singulier, dans un décor de désastre qu'ils ne voient plus. Martainville est un bon bretteur, puissant, jouant de sa forte taille, mais n'est pas un soldat, et il n'a pas l'expérience de Villemort qui, même s'il a toujours refusé les duels à mort, a beaucoup pratiqué le combat d'épée durant les entraînements de sa carrière militaire. Friand de la lame mais amoindri par l'absence de main gauche, Martainville a toutes les peines du monde à se défendre contre un adversaire qui, agile et fin, attaque souvent par le côté, et pare en homme qui a grand souci de son sang. Cette lutte finit par faire perdre patience à Martainville. Furieux d'être tenu en échec par celui qu'il regarde comme un traître, il s'échauffe et commence à faire des fautes. Villemort le comprend et retient ses coups, car il ne souhaite pas d'issue fatale, redoublant d'agilité pour faire durer l'assaut. Martainville, voulant en finir, porte à son adversaire un coup qu'il espère décisif en se fendant à fond ; mais Villemort pare prime et, tandis que Martainville se relève, se glissant comme un serpent sous son fer, le touche à l'épaule. Blessé, voyant le sang jaillir, Martainville lâche son arme. L'Américain attend, ne profite pas de la situation, indique même qu'il souhaite rompre là le duel. Le royaliste reprend pourtant son épée et se rue à l'assaut. Après avoir été touché deux fois dans le vêtement, Villemort pare avec une lenteur courtoise un nouveau coup, mais Martainville, trop audacieux et exposé, s'embroche sur le fer ainsi présenté. Il pousse un cri, tombe à genoux, pas plus bas, la pointe n'ayant percé que le gras du flanc sans atteindre d'organes vitaux. Mais il saigne abondamment, déjà tout enduit de liquide écarlate.

Villemort calmement se retire, repoussé par ce jaillissement sanglant qui l'indispose. Déjà, il est reparti de trois pas quand Martainville, contre le code d'honneur, se précipite sur lui de dos, l'attrape par le col et pointe un poignard sur la carotide, prêt à l'égorger. Villemort, ironique, le félicite pour sa victoire, puis le traite d'anthropophage, lui narrant en quelques mots la scène qu'il vient de voir dans une pièce voisine. Il lui lance : « Que veux-tu faire de ce sang, bête féroce ! Le veux-tu boire ? » Martainville tient Villemort fermement à sa merci, et insiste, dardant le poignard sur son cou jusqu'à faire perler de premières gouttes. Il veut faire sentir que la vie ne tient qu'à lui, afin d'effacer l'humiliation subie à l'épée. William lui raconte alors l'histoire de la blessure qu'il porte au bas de la joue gauche, qu'il se fit lui-même plutôt que d'achever un homme qu'il tenait en son pouvoir, un pauvre Anglais, sur le champ de bataille de Yorktown voici plus de dix ans. Martainville relâche la pression de son arme, et, lançant à son adversaire : « Je t'épargne à mon tour ; voici le pendant de ta blessure », il lui inflige une profonde plaie au bas de la mâchoire droite. Villemort hurle, se tient la tête, puis calmement lui lâche : « L'homme qui a bu le sang de son frère sera maudit. »

À quelques centaines de mètres de là, à l'initiative de Louis Villemort, les députés présents dans la salle du Manège votent à l'unanimité, sous le regard de la famille royale, la révocation des ministres, la suspension de Louis XVI et la convocation de la Convention nationale.

VII

Martyrs de la Révolution

Un soir de novembre 1792, Equiano vient frapper à la porte de la grande pièce du passage des Deux Pavillons, où Louis s'est définitivement installé, puisque ses deux passions sont toutes proches : la politique, de l'autre côté du Palais-Royal, et Marie, qui habite à deux pas, rue du Bouloi. Sa vie ne lui laisse pas le temps de posséder davantage qu'une pièce, et ils sont, avec sa maîtresse, attachés à l'amour de ce lieu. Equiano est inquiet pour son ami, William, qui ne soigne pas sa blessure à la mâchoire, pas plus qu'il ne sort, ne reçoit, ne vit. Comme s'il se laissait mourir. Louis, il est vrai, n'a pas vu son oncle aux Jacobins depuis quelques semaines et sa visite triomphale, quand, blessé, il avait été présenté en héros de l'insurrection du 10 août. Le destin de William de Villemort semblait scellé : héros de la prise des Tuileries, personnalité influente des Jacobins et de la Commune de Paris, il était voué, comme Louis, à être élu à la Convention. Mais tout comme il avait refusé la Législative, il a renoncé à cette nouvelle Assemblée nationale.

Quand, le lendemain, Louis et Marie pénètrent dans l'hôtel de la Couture-Sainte-Catherine, tout est sombre. Equiano les accueille et les mène à William, allongé sur son lit dans l'obscurité de sa chambre, émettant quelques grognements. Quand Louis veut ouvrir un volet et aérer la pièce, qui sent la pourriture, l'aîné pousse un cri rauque. C'est Marie qui, alors, se charge de faire circuler lumière et courant d'air, tandis que le cadet des Villemort s'assoit auprès de son oncle pour le réconforter. Ce qu'il découvre dans la clarté qui aveugle William n'est qu'une large plaie purulente. La blessure à la mâchoire s'est transformée en une profonde balafre allant d'une oreille à la bouche, boursouflant des chairs qui ne se joignent plus, baignée d'un pus jaunâtre dégageant une odeur d'infection. Du côté droit, au-dessus de la plaie, l'œil ne s'ouvre plus, ou alors à demi, rouge vif, gonflé, suintant. La lèvre inférieure est tirée, retournée, putréfiée, dévoilant deux dents presque noires ; les commissures portent des croûtes brunes laissant voir les chairs à vif. Dessous, ce n'est qu'un trou terrifiant, le vide à l'intérieur d'une bouche. Louis, ému et hors de lui, saisit par les épaules son oncle qui gémit, le secoue brutalement, l'attire, l'étreint, puis le tient en face de lui, assis, et hurle : « William, reviens à nous ! Reviens vers moi ! »

Fiévreux, agité, brûlant, mais inerte, le malade retombe de tout son poids sur le matelas. Louis se lève, s'approche de Marie et murmure : « Je sens qu'en le perdant je perds une partie de mes forces... » En quittant l'hôtel des Villemort, Louis laisse à Equiano une somme d'argent nécessaire aux soins et l'adresse d'un médecin réputé qu'il connaît, le docteur Georges Cabanis, accompagnée d'un mot de recommandation. Il redoute une nouvelle fois, comme après le massacre du Champ-de-Mars, le renoncement d'un homme qui se hait et ne parvient pas à dépasser la malédiction des siens, à surmonter sa pathologie du sang, définitivement rendu à sa misanthropie.

Aux Tuileries, dans le château abîmé de la monarchie, d'après les révélations de l'artisan qui l'avait fabriquée, un serrurier nommé Gamain, le ministre de l'Intérieur, Roland, met au jour le 20 novembre 1792 une armoire de fer dissimulée derrière un mur. Elle contient de multiples documents qui démontrent la duplicité des conseillers et des ministres du roi, une correspondance de Louis XVI avec plusieurs souverains d'Europe prouvant sa trahison. Son procès, que redoutent une majorité de députés, notamment le parti girondin, devient inévitable. La Convention décide, le 3 décembre 1792, que « Louis Capet » et ses défenseurs seront entendus à la barre. Le procès débute une semaine plus tard.

Le jeune Villemort, le 12 décembre, monte lentement à la tribune. Il a obtenu de ses amis jacobins, Robespierre en premier chef, cette terrible initiative de porter le premier coup non pas aux défenseurs du roi, déjà hors d'état de le sauver, mais à ceux qui craignent par son exécution de mettre la France au ban de l'Europe. « Le roi devrait être jugé en aimable citoyen ? commence-t-il devant une Assemblée presque au complet, qui suit sa prestation avec la plus grande attention. Et moi, je dis que le roi doit être jugé en ennemi, que nous avons moins à le juger qu'à le combattre. Aujourd'hui, l'on fait le procès d'un homme assassin d'un peuple, pris en flagrant délit, la main dans le sang, la main dans le crime ! » Ses paroles, lentes, dites avec mesure, portent d'autant plus : l'implacable affirmé avec douceur. Ces mots sortent, froids, impitoyables, d'une bouche qui semble féminine. Le visage, blanc et fin, la peau diaphane, presque transparente, donnent une forme de pureté à sa beauté. Il a le front haut, les yeux lumineux, les boucles blondes enfantines, mais le verbe pèse, raide, aiguisé, tranchant, par moments terrifiant. Tout cela confère à Louis une gravité nouvelle, qu'il a acquise par l'expérience des derniers mois, traversant le tumulte révolutionnaire au premier rang, et sûrement aussi par l'effroi causé par la blessure de William. Ce n'est plus le jeune Villemort enthousiaste et inexpérimenté des débuts de la Révolution, bredouillant ses premières interventions. Sa sévérité, juste et efficace, calculée et précise, rigoureuse et incandescente, frappe désormais. Sa beauté n'est plus angélique mais grave et dure, inflexible et acerbe, froide comme de l'acier, et pourtant brûlante comme un fer chauffé à vif.

Il poursuit : « Les mêmes hommes qui vont juger Louis ont une République à fonder : ceux qui attachent quelque scrupule au juste châtiment d'un roi ne fonderont jamais une République. Nous devons juger Louis pour avoir été roi ; rien au monde ne peut légitimer cette usurpation, la royauté est un crime éternel, contre lequel tout homme a le droit de s'élever et de s'armer ; elle est un de ces attentats que l'aveuglement même de tout un peuple ne saurait justifier. Tout roi est un rebelle et un usurpateur. » Il faut donc tuer le roi puisqu'il est roi, cet être hors la nature, hors le peuple, hors la République, démonstration d'une implacable évidence. Ce discours âpre, d'une éloquence serrée, se résume tout entier dans cette courte phrase : « On ne peut point régner innocemment. » Villemort descend de la tribune sous les calmes applaudissements des Montagnards, là où il remonte siéger, tout en haut des gradins réservés aux députés, à gauche du président de l'Assemblée. Ce n'est pas un triomphe, mais mieux encore, un étonnement admiratif devant la mue républicaine d'un jeune homme qui incarne naturellement le cours de la Révolution, qui calque le tempo de son existence et de ses apprentissages sur elle, avançant dans la carrière et les idées selon le même rythme vif, suivant un écoulement aussi puissant qu'inexorable. D'autres points de vue s'expriment ensuite, mais celui de la mort du roi vient de marquer un coup fort.

Robespierre, dans son discours du 18 décembre, appuie le point de vue de Villemort : puisque Louis Capet est un corps hors la nation, la République ne peut s'instaurer qu'en l'anéantissant, lance-t-il. Il existe une incompatibilité organique entre ces deux souverains, le roi et le peuple, le principe d'exception et le principe d'égalité. Robespierre est aussi imparable que Villemort : « Louis Capet fut roi, et la République est fondée. La victoire du peuple a décidé que Louis est coupable. Il ne peut donc être jugé ; il est déjà condamné à la mort, ou la République n'est point absoute. Louis doit mourir parce qu'il faut que la République vive. »

Une semaine plus tard, la première comparution de Louis Capet à la barre de la Convention semble confirmer les implacables réquisitoires de Villemort et Robespierre. Revêtu d'une simple redingote beige, portant ses regards inquiets dans toutes les parties de la salle, conduit par Rossignol, le général sans-culotte, qui précipite la marche avec une vitesse réfléchie, le ci-devant roi paraît avec dignité mais sans éclat, sans prestige, sans légitimité, comme s'il n'appartenait déjà plus à la France de la République. Là où il conservait, un an auparavant, un fauteuil large orné à ses armes, couleur de pompe, il n'y a plus qu'une humble chaise, sur laquelle il s'assoit simplement. Dépouillé de toutes ses cérémonies, le roi se lève et, debout à la barre, écoute, sonné, le président de la Convention, Barère, qui s'adresse à lui : « Louis, la nation française vous accuse. Vous allez entendre la lecture de l'acte énonciatif des faits. Louis, asseyez-vous. » C'est alors, au moment où le roi se rassoit sur sa chaise sous les yeux des députés déjà assis, que tous peuvent comprendre le sens du discours de Louis Villemort : du trône à la chaise, la sévérité républicaine s'est imposée à la dignité royale, l'a expulsée de l'histoire et va désormais la mettre à mort. À l'issue des débats, le roi est reconnu coupable par la Convention nationale à une écrasante majorité, 643 voix contre 78. Il est condamné à mort par 365 voix contre 356, puis, après recomptage le lendemain, par 361 voix contre 360.

Sur la place de la Révolution, le 21 janvier 1793, le roi descend de son carrosse – c'est l'ultime faveur qui lui a été accordée : aller au supplice en carrosse et non dans la honteuse charrette des condamnés à mort. Il fait face, sur l'immense espace, à l'armée révolutionnaire et à l'institution républicaine : quatre-vingt mille hommes en armes, gardes nationaux, gendarmes, sectionnaires, stationnent là, devant quatre-vingts pièces d'artillerie ; au-devant de l'échafaud, une tribune a été aménagée pour les nouveaux notables de la République, élus, juges, députés, commissaires, présents pour assister au supplice et consacrer ainsi la République qui naît. Louis Villemort s'y tient, droit, ému, aux côtés de Marie de Méricourt, de son père, Antoine, de sa mère, Pélagie, de son amie Sophie, elle-même accompagnant son père, Michel Lepeletier de Saint-Fargeau.

L'assistant du bourreau s'approche. D'un geste vif, qui rappelle une dernière fois le cours du rituel royal que la république ne peut plus considérer, Louis Capet repousse la main qui souhaite le soutenir et lui ôter sa veste, refusant qu'on le touche, refusant le déshabillage public et les liens qu'on veut lui imposer. Un échange de regards entre le roi et son confesseur, l'abbé Edgeworth de Firmont, fait comprendre au monarque qu'il est vain de lutter, que la dignité est le seul compromis possible avec le rite républicain de la mise à mort. Louis Capet obtempère, se dévêt de son habit, ouvre le col de sa chemise et, pour dégager le cou, la rabat sur ses épaules. Il se laisse garrotter, puis, les mains liées derrière le dos, couper les cheveux qu'il porte courts sous la perruque.

Appuyé sur son confesseur, il gravit les marches raides menant à l'échafaud. Lorsque les trois bourreaux le saisissent et l'attachent à la planche, il crie, d'une voix forte : « Peuple, je meurs innocent des crimes qu'on m'impute. Je pardonne aux auteurs de ma mort, et je prie Dieu que le sang que vous allez répandre ne retombe jamais sur la France… » Les roulements des tambours couvrent alors sa voix. La planche bascule, actionnée par les bourreaux, tandis qu'il lève les yeux au moment où on le couche sous la lame de la guillotine qui, en un éclair, tranche ses jours. Il est 12 h 22 ; une clameur monte sur la place quand Sanson prend la tête et la montre à l'assemblée des républicains. Louis et Marie, main dans la main, acclament eux aussi la mort du roi, puis échangent un profond baiser, comme s'ils saluaient ainsi l'acte de naissance de la première République française.

Avec les Méricourt et les Lepeletier, Louis a réservé une table chez Février, un restaurant proche du Palais-Royal, devenu depuis peu le Palais-Égalité. Après le spectacle du supplice, ils souhaitent tous ensemble célébrer rituellement ces deux événements liés à jamais, la mort du roi et l'avènement de la République. Le groupe des six convives traverse joyeusement le jardin du Palais-Royal, après avoir emprunté les grandes galeries longeant les Tuileries, suivant le cours des écuries. Antoine de Méricourt annonce une surprise qui les attend chez son ami, le cuisinier Antoine Février, une recette spécialement conçue avec Camille Desmoulins, et préparée pour la circonstance, une « tête de cochon farcie à la Louis XVI », à laquelle Février a adjoint l'une de ses spécialités, le soufflé de pommes de terre. Dans un grand éclat de rire, les convives s'en régalent par avance. Ils sont sévères en républicains à l'Assemblée, se revêtant d'habits de Romains et usant du verbe ascétique, mais il faut savoir rire et vivre quand les occasions de mêler la politique et l'hédonisme se présentent.

L'établissement d'Antoine Février, au 4 de la rue Neuve-des-Petits-Champs, est situé entre rez-de-chaussée et sous-sol de l'hôtel de Lionne, annoncé par l'enseigne « Maison Février, marchand restaurateur ». C'est l'un des tout premiers restaurants de Paris, du monde, ouvert voici dix ans, avec ses tables, ses menus fixes, sa cave à vins et son cuisinier. Désormais, signe d'un succès certain, il faut réserver pour souper. À l'heure du déjeuner, qu'on nomme plutôt « grand déjeuner » ou « déjeuner à la fourchette » pour le distinguer de la collation du réveil, qu'on appelle « petit déjeuner », le restaurant est plus calme. Toutes ces habitudes culinaires sont justement en train d'être inventées, refondées, par ces premiers restaurants, qui imposent une temporalité et des rites nouveaux aux usages de la table. Les travaux de l'Assemblée nationale n'y sont pas étrangers : chez Beauvilliers, non loin, enseigne rivale, royaliste, feuillante, puis girondine, ne vient-on pas de fixer un « déjeuner dînatoire » vers 7 heures de l'après-midi, qui permet aux députés de travailler sans relâche jusqu'en soirée ? Cette innovation, pour Février, a l'inconvénient de supprimer un des deux repas du jour ; il préfère donc s'en tenir au rythme adopté à l'ouverture de son restaurant, en 1782, à savoir le « déjeuner à la fourchette » vers 2 heures l'après-midi, puis le « souper » vers 10 heures le soir.

On entre par une large porte de bois munie d'un œillet de verre. Puis les clients descendent quelques marches, poussent une lourde tenture violette, et apparaît une profonde salle voûtée, assez étroite, richement décorée de moulages et de lambris, au carrelage de damier noir et blanc, où sont disposées une quinzaine de tables. L'atmosphère est luxueuse et confinée, en hiver comme en été, de jour comme de nuit, éclairée par des bougeoirs posés sur les tables et quelques jolies lanternes dorées. Une petite moitié des tables est occupée lorsque Antoine de Méricourt et ses amis arrivent au restaurant.

Antoine Février les accueille avec chaleur. C'est l'un des premiers hommes du temps dans l'art culinaire, célèbre pour son ouvrage *L'Art du cuisinier*, déjà un classique de la littérature gastronomique française. Il a été, sous l'Ancien Régime, l'officier de bouche du comte de Provence et reçoit donc ses clients avec l'épée au côté et en uniforme. Mais Février est un patriote de la première heure, comme le souligne son choix de rester à Paris en 1789, alors que les principaux cuisiniers ont préféré suivre leur maître en exil.

La réputation de Février vient aussi du service, parfaitement organisé, avec quatre aides en sus de son épouse, notamment pour la présentation des vins, dont le caveau est varié, l'un des plus fameux de l'époque. Lui-même est doté d'une mémoire prodigieuse qui lui permet de reconnaître ses convives et de les guider dans leurs choix. Ses spécialités et les plats qu'il a créés sont en effet assez nombreux, parmi lesquels les « Côtelettes à la Soubise et la purée d'oignons », le « Bœuf braisé, avec salsifis sautés au beurre », les « Cromesquis aux épinards », préparation réalisée avec un salpicon, enfermé dans une crépine, enrobé de pâte à frire, puis frit à l'huile ; la « Tomate farcie de purée de cervelle » ; le « Février » enfin, un gâteau de biscuit accompagné de glace au kirsch et de crème Chantilly.

S'y adjoint donc, à la demande de Méricourt et de Desmoulins, la « Tête de cochon farcie, soufflé de pommes de terre », dont voici la recette : « Une belle tête de cochon désossée ; cinquante grammes de farine délayée avec douze centilitres de vinaigre blanc ; une tête d'ail non épluchée et coupée en deux centimètres dans l'épaisseur ; trois carottes épluchées et coupées en quatre ; trois gros oignons épluchés et cloutés chacun de deux clous de girofle ; un bouquet garni ; sel, mignonnette de poivre. La veille, faites tremper votre tête à l'eau froide en changeant l'eau de temps en temps. Le jour même, dans un haut fait-tout mettez la farine délayée au vinaigre blanc, puis ajoutez six litres d'eau froide. Remuez au fouet avec votre blanc, puis ajoutez toutes les garnitures. Faites porter à ébullition. Salez et poivrez de mignonnette puis plongez la tête de cochon dedans pour deux heures de cuisson à tout petits frémissements. Servir dans une assiette creuse bien chaude un morceau de tête avec quelques carottes cuites et coupées en petits dés de chaque côté, un peu de fleur de sel de Guérande et de mignonnette de poivre sur les morceaux de tête, accompagné par le soufflé de pommes de terre. Manger de suite, après que tous les convives ont entonné le *Chant de guerre pour l'armée du Rhin*. On placera sur la tête de cochon une cocarde tricolore. »

Rapidement, la recette et le rite républicain inventés ce jour de mise à mort du roi, au restaurant de Février, se sont retrouvés sur d'autres tables. L'année suivante, le pamphlétaire Romeau projette, dans *La Tête ou l'Oreille de cochon*, de reprendre la recette pour tous les 21 janvier, inaugurant une tradition de banquets républicains commémorant la fin de la monarchie.

Cependant, les six convives ne dégustent pas cette tête de cochon farcie. Leur repas est plus amer. Quand Février explique sa recette, trois hommes, assis à quelques mètres de distance, s'approchent en souriant et, « fiers républicains », demandent à partager les détails culinaires inédits. Ils écoutent et en rient aussi fort que Villemort, les Méricourt et les Lepeletier, dans une bonne humeur de francs camarades. Soudain, les trois hommes sortent chacun un poignard de sous leur houppelande et se précipitent sur les trois députés en hurlant : « Vous avez voté la mort du roi, voilà la récompense ! », enfonçant jusqu'au manche leur arme dans la poitrine des vrais républicains pris au piège de leur confiance. La soudaineté de ces gestes simultanés et préparés est totale, leur violence presque sans réplique possible. Cependant, dans la confusion, l'un des assassins, le plus décalé sur la droite, a été bousculé par Marie de Méricourt et son coup n'a qu'effleuré Louis, le blessant légèrement, le poignard se fichant dans la table. Dans l'instant, Pélagie, se saisissant du sien, qu'elle porte toujours à la ceinture, le plonge dans la cuisse de l'homme et le blesse mortellement, sectionnant l'artère fémorale. Louis s'est dégagé, il court vers la porte du restaurant, sort, mais trop tard, les deux autres meurtriers sont déjà loin, ayant dans leur fuite profité du désordre jeté autour des tables des convives. Ni Février ni les autres clients, saisis, n'ont pu esquisser le moindre geste.

À côté des tables renversées règnent la désolation et les pleurs. Touché en pleine poitrine, Michel Lepeletier, tremblant et perdant son sang dans les bras de sa fille, ne peut plus dire que : « J'ai froid, j'ai froid. » Antoine de Méricourt est déjà mort, le couteau encore fiché dans le cœur. Le coup, donné d'en haut, est passé près de la clavicule, a traversé le poumon, et ouvert le tronc des carotides, provoquant un fleuve de sang. Marie et

Pélagie, consternées, muettes, figées, couvertes du sang versé abondamment par les trois corps meurtris, n'ont eu le temps que d'entendre la dernière plainte, adressée à l'épouse : « À moi, ma chère amie… » Le corps de Lepeletier est transporté à son domicile, place Vendôme, où il expire vers 11 heures du soir. La dépouille de Méricourt est déposée chez lui, rue du Bouloi.

Le meurtrier tué sur place par Pélagie de Méricourt se nomme Charles de Marette, un ancien garde du corps du roi, mais il n'a pas sur lui les documents qui permettraient d'en savoir plus sur ce complot décliné en trois assassinats. On ne retrouvera jamais la trace d'un des trois conjurés. Le deuxième est repéré au Palais-Royal tôt le lendemain matin, ayant passé la nuit chez sa maîtresse, rue Montpensier. Sa fuite se termine dix jours plus tard par son suicide à l'auberge du Grand Cerf à Forges-les-Eaux, alors que la police, dépêchée par le Comité de sûreté générale, arrive sur les lieux. Il se nomme Philippe Marie de Pâris, lui aussi ancien garde du corps du roi. Dans les documents retrouvés sur lui, maculés de sang, il a laissé une feuille où il mentionne l'absence de tout complice autre que ses deux associés dans le triple assassinat chez Février. Mais l'enquête diligentée par deux des membres du Comité de sûreté générale, Tallien et Legendre, montre que Philippe Marie de Pâris a reçu pour son crime dix louis et un passeport, qu'il a bénéficié d'aides, a été hébergé quelques jours à La Courneuve, où il s'est fait couper les cheveux et balafrer le visage. Royaliste exalté, il a des liens avec les milieux de l'émigration à Londres, et Forges-les-Eaux, où il est mort, est la plaque tournante de ces départs vers l'Angleterre. Il n'est pas très compliqué d'y voir la signature des Chevaliers du poignard, ceux qui avaient égorgé le doyen Jean Jacob à l'automne 1789 puis quelques autres patriotes, avant de soutenir le roi lors de la défense des Tuileries en août 1792. Alphonse de Martainville, mis en cause par certains des documents découverts dans l'armoire de fer des Tuileries, semble de toute évidence à la source du complot, mais il reste introuvable.

Le retentissement de ce triple assassinat est considérable. Avant même de tenter de dénouer les fils du complot, la Convention organise pour les deux victimes des funérailles nationales, le 25 janvier 1793. Les peintres David, ami de Lepeletier, et Lavis, proche de Méricourt, sur proposition de Bertrand Barère, le président de la Convention, conçoivent la scénographie de ces funérailles communes. Elles allient une exposition du corps, entouré des symboles rappelant le rôle de la victime dans la Révolution ; une procession, où le cortège accompagne le char funèbre ; la déposition dans un tombeau que la République a créé spécialement, le Panthéon, où elle enterrera dorénavant ses « grands hommes ».

Pour Michel Lepeletier, la scène funèbre commence place Vendôme, près de l'Assemblée nationale, en face de son hôtel, qu'il habitait avec son frère et sa fille Sophie, lui-même étant veuf. Le corps, présenté sur une estrade au milieu de la place, est nu, le bassin recouvert d'un simple drap, la plaie visible, exposée au milieu du linge taché de sang que le député portait au moment de son assassinat. Après un défilé du peuple devant le corps, le président de la Convention pose sur la tête du mort la couronne de l'Immortalité. Le frère cadet de Lepeletier, Félix, et sa fille, Sophie, disent ensemble quelques mots, avant que Robespierre ne prononce l'oraison funèbre. « Cette cérémonie avait un caractère excessivement remarquable. Il faisait très froid. Le corps livide montrait la large blessure sanglante qui lui avait été faite », rapporte Gorsas dans son *Courrier français*. Quant à Méricourt, sa dépouille ainsi que l'écritoire, la plume et le dernier exemplaire du *Peuple*, son journal, qu'il portait sur lui en mourant, sont exposés en l'église des Cordeliers, sur la rive gauche. Une tribune y a été aménagée, où se tiennent les membres du club des Cordeliers, ses amis. Pélagie et Marie de Méricourt y sont entourées des principaux autres meneurs du club, Danton, Desmoulins, Marat. Le corps reçoit la visite de simples citoyens, des sections, des corps constitués, tous venus en masse. Louis Villemort a choisi d'être aux Cordeliers, aux côtés des femmes Méricourt.

Les cortèges s'ébranlent dans le même temps à destination du Panthéon. Le cadavre de Lepeletier, porté sur une espèce de lit de parade, est promené lentement sur un très long trajet, quatre heures durant, tiré par huit chevaux. Derrière, sous un voile noir, marche l'orpheline, suivie par Félix Lepeletier, les députés de la Convention et les membres de la Société des Jacobins. Celle-ci a sa bannière et, à côté, on en voit une autre de son invention : elle a pour flamme la chemise, la veste et la culotte de Lepeletier, toutes trempées de sang. La République veut marquer les esprits, cherchant à mobiliser les émotions. L'impressionnant cortège longe la rue Saint-Honoré, puis prend à angle droit la rue Saint-Jacques, jusqu'à la montagne Sainte-Geneviève.

Le convoi funèbre de Méricourt quitte l'église des Cordeliers pour rejoindre le Panthéon, atteint aussi après quatre heures d'une procession extrêmement lente, sans cesse entravée par le petit peuple de Paris qui pleure l'une de ses idoles. Bientôt, la lueur des flambeaux éclaire le cortège, lui donnant un caractère plus impressionnant encore ; il avance au son d'une marche de Gluck, scandée par le bruit du canon et des roulements de tambours. Le groupe central est formé par les Citoyennes révolutionnaires, qui portent l'écritoire, et brandissent qui la chemise ensanglantée, qui l'exemplaire du *Peuple*, qui la plume du journaliste, précédant le corps – torse nu, la large plaie visible – posé sur un lit de parade à la romaine soutenu par douze hommes. Dans le cérémonial mortuaire conçu par David et Lavis, ces femmes sont les pleureuses, celles qui prennent en charge le culte de « saint Méricourt », exposant les attributs de la victime, ses reliques, prêtresses du martyr entourant la veuve de la République, Pélagie, et son orpheline, Marie, tandis que les hommes, à l'antique, protègent le corps et prononcent les discours.

La communauté républicaine réserve une apothéose à ses deux premiers grands morts. Les « catacombes patriotiques » sont ouvertes pour l'occasion, dans l'urgence. Trois jours plus tôt, lors de la séance du matin, la Convention a reçu une députation des quarante-huit sections de Paris réclamant pour Méricourt et Lepeletier un « deuil public d'une ampleur inédite ». Cette demande trouble les députés, qui hésitent sur le lieu où inhumer les deux martyrs. Louis Villemort rompt le silence et avance une solution : « Quand l'Angleterre perdit Newton, dit-il, elle plaça ses tristes restes à Westminster ; le Parlement d'Angleterre prit le deuil. Que le nouvel édifice de Sainte-Geneviève soit destiné à recevoir les cendres des grands hommes, à dater de l'époque de notre liberté. » L'Assemblée nationale opine unanimement et, avec gravité, décide de réquisitionner pour ses morts illustres – elle envisage très vite d'y placer Descartes, Voltaire ou Rousseau – l'église construite par l'architecte Soufflot selon le style néoclassique, qui a été achevée en 1790, et lui donne pour nom « Panthéon national ».

Les deux cortèges, éclairés aux flambeaux, parviennent ensemble devant le Panthéon au début de la nuit, celui de Méricourt par la rue des Fossés-Saint-Jacques, celui de Lepeletier par l'esplanade centrale. Les chars s'arrêtent, on dispose les deux corps, qui semblent se regarder, face à la foule regroupant désormais plus de cent mille personnes. Un grand brasier est allumé devant la façade, illuminant la scène. Les familles endeuillées se rejoignent. Félix Lepeletier et Pélagie de Méricourt prononcent l'adieu solennel de la nation. Ils promettent, pour le premier à sa nièce Sophie, de publier l'œuvre du mort, son Plan d'éducation ; pour la seconde, qui le jure à sa fille, de poursuivre le journal de son époux, *Le Peuple*. La Convention, rangée devant les corps, fait en un élan et une voix serment de fidélité à la République. Tous, Montagnards, Girondins, mettent trêve à leurs disputes et à leurs haines, se promettant union et fraternité. Mais chacun pense que cette génération, pour avoir su créer la République, et pour l'avoir fait sur le cadavre d'un roi, est désormais vouée à la mort.

À la suite de cette consécration funèbre, dans la chambre du passage des Deux Pavillons, Louis et Marie, devant Sophie, tous trois nus comme des vers, ont leur étreinte la plus sauvage, le jeune Hercule la foutant à coups redoublés, prise en levrette, jouissant trois fois d'affilée. À la troisième saillie, Sophie est appelée pour caresser, lécher, gamahucher et se faire foutre à son tour. Les deux orphelines hurlent successivement, ou en même temps, quand Villemort les baise. La nature, toute-puissante, indomptable, qui ne germe nulle part plus énergiquement que sur les tombeaux, reparaît ici victorieuse, triomphant par la jouissance. La guerre, la peur, la mort, tout ce qui semble contre elle lui donne de nouvelles forces. Les femmes et leurs désirs ne sont jamais si puissants ; les hommes et leurs envies jamais si arrogants. L'amour se multiplie, remue tout, comme s'il se disait qu'il sera trop tard demain. Les trois corps composent et recomposent infiniment l'un de ces tableaux allégoriques comme les apprécie la Révolution, *Les Deux Orphelines régénérées par l'Amour*, ou *Déjanire et Hébé séduites par Hercule*, dans une version pornographique que déclinent à l'envi les gravures obscènes vendues sous le manteau au Palais-Royal. Du vit de Louis jaillit une nouvelle fois un foutre que ses deux amantes accueillent avec des rires, puis étalent l'une sur l'autre avant de le lécher entièrement. Pas une goutte n'en demeure quand Sophie en veut encore, moins rassasiée que son amie, descendant ses lèvres jusqu'à la queue épuisée, qu'elle ranime dare-dare de sa bouche suçante. Le vit renaît, pour cette fois prendre Sophie puis Marie à la hussarde, l'une et l'autre attendant son tour, jambes écartées, con ouvert jusqu'à l'origine du plaisir, d'être saillie, baisée, se tenant par la main comme des enfants, roses de plaisir et contentées enfin. Être enceinte, pour ces orphelines, c'est une chance de revivre.

À l'hôtel de la Couture-Sainte-Catherine, le docteur Georges Cabanis se présente avec le sourire quand Equiano, toujours sombre quant à lui, ouvre la grande porte de bois. Le médecin, qui soigna Mirabeau ou Condorcet, franc républicain, traverse les pièces en enfilade qui le mènent à l'appartement de William de Villemort. Celui-ci l'accueille à son bureau. Il travaille, écrit, semblant en meilleure forme.

En trois mois, les progrès ont été spectaculaires, surtout durant le dernier. William a cependant choisi de porter un masque noir, un masque d'acier finement travaillé d'éclats de diamant, qui lui couvre une moitié du visage, cachant sa blessure. Quand Cabanis soulève le masque, il ne peut s'empêcher de montrer sa satisfaction. La cicatrice, qu'il lave d'un jus d'arnica des montagnes, sur laquelle il passe ensuite une pommade de sa confection – influencée par sa connaissance de la médecine sioux, usant des plantes du Lakota, sauge, chèvrefeuille, feuilles de cèdre, d'érable, de pin –, puis qu'il oint légèrement d'huile de noix de Grenoble, va mieux. Le pus a quitté la plaie, drainé durant le premier mois des soins, puis les lèvres de la cicatrice se sont rapprochées, et Cabanis a pu les coudre, lors d'une opération délicate. Le sang, surtout, s'est liquéfié, moins sombre, plus écarlate, comme s'il s'était régénéré.

La balafre n'en est pas moins terrible. D'abord, parce qu'elle a été causée par une arme qui s'est profondément enfoncée dans les chairs et l'os de la mâchoire, entraînant la perte d'une part de la moitié droite de la dentition ; ensuite, parce qu'elle a trop longtemps manqué de soins, l'infection y jetant son venin. C'est un trou noir que Villemort a dans la bouche, qu'il gardera pour toujours. Mais cela, le masque peut le cacher à la vue.

Les soins du jour réalisés, Georges Cabanis repart comme il était venu, sa lourde sacoche de cuir à la main, avec ses fioles, ses tubes et ses onguents. En quittant l'hôtel, il remarque qu'une partie du bâtiment, sur sa gauche, est désormais condamnée, les fenêtres murées, les portes fermées à l'aide d'épars de bois.

La nuit est tombée ; dans la chambre de William, l'obscurité n'est que faiblement percée, animée de petites lueurs par un bougeoir. Villemort, assis dans un large fauteuil, est plongé dans ses pensées. Il se lève brusquement, prend un manteau qu'il enfile, un poignard qu'il passe à son côté, ajuste son masque noir et traverse de part en part sa demeure. Après avoir fait pivoter une lourde poutre qui barre une porte, il ouvre celle-ci avec une clef tirée de son trousseau. Quand il franchit le seuil, les fantômes viennent à sa rencontre. William circule au milieu des femmes vampires de la lignée des Villemort. Elles sont une trentaine, certaines très vieilles, un siècle, un siècle et demi, peut-être davantage, d'autres très jeunes, encore enfants, innocentes et espiègles. Elles se ressemblent, longues et pâles, habillées de robes sombres à la silhouette épurée.

La nuit, depuis un mois, William entraîne parfois ces femmes vampires dans la rue. Discrètement, ils partent à la recherche des cadavres livrés par les massacreurs, autour des prisons généralement, ou laissés sur les lieux d'exécutions de la journée. Le groupe, profitant de l'extinction des feux, suit les charrettes dans lesquelles les gardes municipaux entassent les cadavres des guillotinés. Les corps y sont souvent encastrés les uns dans les autres, les sangs mêlés, et les vampires cherchent les meilleurs morceaux, tâtant les peaux pour récupérer les corps les plus fins, les plus aristocratiques. William de Villemort et ses dames rapportent leur trésor de chair à l'hôtel, retournent dans le noir de l'aile gauche du bâtiment, descendent à la cave et, à l'aide d'un grand pressoir-hachoir installé là, moulinent des litres d'un précieux jus écarlate.

Il faut du sang à William de Villemort, beaucoup de sang pour guérir sa plaie. Le bon docteur Cabanis et ses remèdes de Sioux n'y peuvent rien. Le sang, bu, appliqué sur la blessure ou en bain de bouche, est d'une autre efficacité. Le héros d'Amérique a décroché de la Révolution et rejoint les vampires ; la race ancestrale l'a accueilli comme un fils, la lignée comme son héritier légitime. William de Villemort a repris sa place dans le passé de la France la plus reculée, comme si, irrémédiablement, les crocs de la tradition et du blason familial se plantaient à nouveau dans ses chairs. Retourné au vampire, il aspire les forces vives qui lui permettent de recouvrer sa puissance. Dans la cache clandestine de sa demeure, il a scellé un pacte avec la tradition : au fond d'un appartement d'appoint, si secret qu'il faut deux clefs et autant de portes pour le découvrir, vivent désormais deux fugitifs recherchés par la police de Paris, le duc Henry de Villemort et Alphonse de Martainville, que William cache et protège parce qu'ils sont les seuls, avec leurs goules, à pouvoir l'approvisionner en sang frais.

VIII

La plainte des guillotinés

Ces cadavres et ces plaies, exposés aux regards de tous, ne peuvent pas ne pas provoquer des impressions profondes. Elles le sont. Rarement le peuple de Paris a eu si peur que durant ces quelques mois. Les récits d'enfants nés difformes, à tête de monstre, blessés, mutilés, mis au monde par des mères sous le choc des événements dramatiques de cet hiver-là, fourmillent dans la presse du printemps et de l'été 1793. Les rumeurs d'attentats, d'assassinats, d'invasions, de complots, de carnages, se multiplient, laissant de longues traînées d'effroi dans l'opinion.

Pélagie de Méricourt incarne cette atmosphère de crainte et cette pulsion irascible. La veuve de la République est la femme-forme de ce moment si singulier, elle en porte la physionomie et dit sa politique. Pélagie en est la meurtrissure vivante. Elle a donné son mari, elle a tué un assassin, elle est mère d'une orpheline, et de cela son corps porte l'empreinte. Depuis cette traversée des drames, elle a soudain vieilli. L'emprisonnement en Autriche dans le froid d'une forteresse d'altitude, les interrogatoires, les trajets, les angoisses, les privations, à quoi s'est ajoutée l'épreuve de la mort d'Antoine de Méricourt : tout l'a épuisée. La belle Liégeoise, gironde et saine, n'est plus qu'un souvenir ; son fantôme est devenu une vieille femme maigre et édentée, moins une sorcière qu'une Furie de mythologie, alors qu'elle n'a pas cinquante ans. Elle conserve de la prestance cependant, portée par l'énergie de la haine et de la vengeance. Si elle a perdu son homme, elle a pris sa place : la politique révolutionnaire y a gagné une égérie de flammes et de colère. Elle était célèbre avant ces épreuves, certes, mais plus romanesque que tragique. Désormais, ses apparitions et son verbe, ses exigences et sa manière, tout semble relever du registre du mélodrame.

Au nom de ce qu'elle a souffert, Pélagie exige que d'autres souffrent à leur tour. « Le sang doit couler pour laver mes morts », voici le sens de tout son être. Sur les corps de ces martyrs, qu'elle symbolise sans même avoir à le rappeler, se forge l'exigence de violence contre les ennemis de la Révolution, quels qu'ils soient, soldats étrangers, rois d'Europe, nobles émigrés, prêtres réfractaires, aristocrates, comploteurs, meurtriers et tous les simples suspects. Contre eux, de plus en plus nombreux et insaisissables, se répand la demande de Terreur, de plus en plus forte et incontrôlable. Politiquement, il s'agit d'instaurer un régime d'exception, suspendant les libertés au nom de la patrie en danger, instituant un Tribunal révolutionnaire qui juge les suspects avec rapidité et sévérité.

Comme Pélagie de Méricourt, le peuple de Paris, pour d'identiques raisons qui expliquent entre elle et lui cette communion des émotions, réclame qu'on soit « terrible » avec tous les ennemis de la patrie. Cette vengeance trouve son expression la plus implacable dans l'outil qu'elle promeut et utilise : la guillotine. Elle aussi est omniprésente. La prolifération des sobriquets affectueux ou des expressions tranchantes qui la désignent en témoigne. On parle de « raccourcissement patriotique », d'« essayer la cravate à Sanson » ou « la cravate à Capet », de « passer par la petite chatière », d'« éternuer dans la sciure », de « faire feu des quatre pieds », de « jouer à la main chaude », de « passer la tête dans la lunette », de « mettre la tête au guichet », de « regarder par la lucarne », d'« aller à la bascule à Charlot », d'« ouvrir le vasistas », de « faire marcher la planche à assignats », d'« aller à l'abbaye de Cinq Pierres » et à celle « de Monte-à-regret », ou alors de « sainte guillotine », de « lame républicaine », de « rasoir patriotique », de « glaive des lois »... En quelques mois, la guillotine est devenue le quotidien de la Révolution et son icône funèbre. Tout comme

Pélagie de Méricourt. D'ailleurs, ne parle-t-on pas de « veuve » pour les désigner l'une et l'autre ? « Républicains, soyez terribles pour que vos ennemis ne le soient pas contre vous », dit-elle à tous, écrivant ainsi la langue de la Terreur.

C'est aux Cordeliers que se joue cette pièce. Le club s'est installé dans l'ancien réfectoire du couvent, en face du collège de chirurgie. Il se pose d'emblée en surveillant de l'Assemblée nationale et de tous les écarts qui feraient dévier du cours rapide de la Révolution. La carte de membre porte en symbole l'« œil de la vigilance révolutionnaire grand ouvert ». Là, on parle fort, on surveille et on dénonce ; là est le thermomètre du peuple. Si Pélagie est la dramaturge de cette pièce, Danton en est l'acteur central, la voix des Cordeliers. Et quand le dogue aboie, tous l'écoutent et s'écartent sur son passage. Sa réputation croît. Élu à la Convention, il préside bientôt le Comité de salut public, où il tente d'organiser la défense nationale et impose la Terreur, à l'été 1793.

Pélagie et Danton partagent davantage que l'exigence d'être terrible. Ce sont deux énergumènes, ils croient pareillement à l'excès, à l'exaltation. Leur sincérité passe par là ; ils ont tous les deux vécu de trop de morts, de trop de plaisir, de trop d'émotions. Ils en font trop : elle dans le mélodrame, lui dans les fleurs de la rhétorique ; mais ils demeurent humains, jusque dans la mort. Jamais ils ne cachent ni ne tempèrent cette volonté et ce désir de vivre.

Tous les deux aiment cette vitalité, électrisés par la circulation « gueulante » de la parole, agités par la houle d'un émoi surpuissant, remués par l'injustice ou la violence. Elle dénonce les ennemis en les envoyant à la guillotine, lui monte à la tribune comme il irait au bordel. Et tous les deux, alliés par cette manière de faire échapper la politique à la raison, affirment : « Il est impossible de faire la Révolution géométriquement. »

Sur l'autre rive de la Seine, aux Jacobins, on exige aussi la Terreur, mais dans un autre style. Une alliance différente s'y dessine, non plus celle du dogue et de la Furie, mais celle du chat et de l'Hercule, entre Maximilien Robespierre et Louis Villemort. Leur refus de la particule n'est pas la seule chose qui les rapproche. Mis à part le discours belliciste, qui les opposa un temps au printemps 1792, ils semblent d'accord sur tout, la république contre la royauté, l'exemplarité vertueuse du révolutionnaire, la nécessité d'être implacable avec tout adversaire, une manière de croire absolument à la lettre de leur discours.

Au fond, ils partagent l'exigence de la Terreur avec les Cordeliers, dans le contexte de citadelle assiégée et de précarité urgente de la République en cet été 1793. Mais ils diffèrent sur sa forme. Sa forme institutionnelle, demandant le contrôle permanent des comités et des tribunaux par la Convention, là où Danton et Pélagie de Méricourt confient la Révolution tout entière au peuple des sans-culottes. Sa forme fétiche ensuite. Les Cordeliers sacralisent les plaies, subliment le sang des martyrs jusqu'à en faire un étendard, et vénèrent la guillotine en la banalisant à l'extrême. La Terreur est devenue une émotion forte, un mélodrame politique. Pour les Jacobins, la Terreur est une politique mais d'abord une allégorie, ainsi que la conçoit Louis Villemort quand il propose de placer, à chaque frontière de la patrie, une « gigantesque statue d'Hercule pour effrayer les ennemis ». Voilà ce qui doit faire peur, ce qui peut jeter la Terreur, une idée, une forme idéale, un corps si beau qu'il est un rêve. Louis Villemort porte sur son front cette beauté-là, la calme beauté harmonieuse de la raison.

Robespierre a un corps aussi. Si Danton est un dogue, massif et agressif, lui est un chat, un chat sous ses diverses apparences, ainsi que l'a très bien décrit l'histrion Martainville, dès le début de la Révolution, dans ses *Actes* : « Les gens qui se plaisent à trouver des rapports entre les figures et les qualités morales, entre les figures humaines et celles des animaux, ont remarqué que Robespierre possédait la physionomie d'un chat. Mais cette figure peut changer ; cela peut être la mine inquiète mais douce du chat domestique ; la mine farouche du chat sauvage ; ou la mine féroce du *chat-tigre*. Le tempérament de Robespierre a commencé par être mélancolique et finit par être atrabilaire. » Il est vrai qu'il passe physiquement par des états très évolutifs. À l'Assemblée constituante, il est apparu le teint pâle, terne, et ne parlait que sèchement. À la Convention, il est devenu plus jaune, et ne parle qu'en gémissant. L'histoire de son tempérament est une grande partie de son histoire.

Ce que Robespierre incarne cependant, plus et mieux que tout autre, est la vertu. Inaccessible aux passions, il est tout entier disponible pour la vertu. Ayant supprimé en lui-même toute séparation entre le privé et le public, entre l'amour de soi et celui de la patrie, il est arrivé citoyen dans une Révolution où la plupart des autres étaient encore sujets. C'est à partir de cette expérience de la vertu qu'il peut se présenter comme le défenseur du peuple, le gardien des principes, le censeur des corrompus. Il devient bientôt « l'Incorruptible », ce qui définit l'homme politique idéal. Chez le vertueux, la politique est un exercice de vérité au service du bien commun, non le masque de son ambition personnelle.

Le rêve robespierriste d'utopie vertueuse, de mesures transparentes, d'angles géométriques, d'équations imparables, autant d'organisations rationnelles, rejoint celui de Villemort d'une allégorie idéale. Sur cette convergence, ils passent leur alliance. Pour Louis, comme pour Robespierre, la Terreur ne doit être que l'instrument de ce discours vertueux, ce que le cadet lance à la face même de Danton, toujours soupçonné de quelques magouilles, lors d'une controverse fameuse à la Convention : « Ce n'est point un vain mot qui constitue la République, c'est le caractère des citoyens. » Ce caractère est trempé, forgé dans le rejet de toute corruption, de tout discours d'intérêt particulier, dans l'abjection des abîmes fangeux du moi personnel. Au nom de cette condamnation de l'égoïsme, la Terreur peut se faire émanation de la vertu, son mode de gouvernement par élimination des non-vertueux.

Robespierre et Villemort, par ce pacte qui les a rapprochés, l'un la plume de ce discours vertueux, l'autre le ciseau qui sculpte les allégories du bel idéal républicain, sont devenus très réticents face au culte populaire du corps de Méricourt. Ils lui préfèrent la vertu faite femme, innocente et pure mais implacable : le culte de la Raison. Ils prennent l'initiative de faire de la Raison une religion, avec son dogme, ses déesses, ses prêtresses, et ce qui seul, au-dessus d'elle, au-dessus de tous, peut lui donner un sens autre qu'une idole adulée, un Être supérieur, l'Être suprême. À la place de l'imagerie effrayante des martyrs, le culte de la Raison et de son Être suprême est une pédagogie fondée sur la ligne claire de la transparence, l'apprentissage civique de la vertu.

Aussi, les deux hommes organisent une fête de la Raison sur la place de la Bastille, le 10 août 1793, dominée par une statue colossale de la divinité. Le président de la Convention reçoit, du sein même de l'immense déesse-fontaine, l'eau régénératrice qui doit servir à baptiser une nation de citoyens en guerre contre l'Europe entière. Puis apparaît, sortant de la statue géante, la Raison incarnée, entourée de ses prêtresses, accompagnée de musiques, de chants et d'hymnes. Louis Villemort fait répéter actrices, chanteuses, chœurs, musiciens dirigés par Gossec, tout en improvisant un décor – « un roc escarpé au sommet duquel s'élève le temple de la philosophie » –, des costumes ainsi qu'un déroulé cérémoniel. Pour l'allégorie titre, il a évidemment choisi Marie de Méricourt, qui est parfaite, ravissante, assez pour susciter l'enthousiasme, mais suffisamment distante et majestueuse pour rester déesse. Elle est parée d'une longue robe chaste et blanche, un manteau bleu sur les épaules, un large ruban pourpre autour de la taille, le bonnet rouge sur la tête, et une pique à main droite. La déesse s'assoit dans un siège de verdure, en haut de la montagne de la philosophie, et assiste à l'offrande tandis que résonne le refrain de Gossec : « Descends, ô Raison, ô fille de la nature... » Robespierre est ravi, certain de tenir là l'incarnation de la vertu, et la fondation d'une nouvelle religion, nécessaire à l'harmonie sociale, un chemin vers le culte de l'Être suprême.

La Terreur des Cordeliers naît du corps sanglant des martyrs, instrument d'une vengeance ; celle des Jacobins coule du sourire d'une déesse Raison, et doit instaurer la vertu. La Terreur n'est pas la même, mais les deux factions se retrouvent pour la défendre et l'imposer face aux Girondins, premières victimes de cette alliance contre nature. Le 5 septembre 1793, la Terreur est « mise à l'ordre du jour » par Cordeliers et Jacobins réunis à la Convention nationale. Les Girondins quant à eux sont promis au procès et à la guillotine. Désormais la République sera terrible et son instrument fonctionne sans discontinuer place de la Révolution.

Le cimetière de la Madeleine est un rectangle de trois cents mètres de long pour cent de large situé au croisement de la rue d'Anjou et du boulevard Beaujon. On y entre par le numéro 1 de la rue de la Ville-l'Évêque. La grande grille est gardée la journée, puis surveillée la nuit par un peloton de gendarmerie qui effectue des rondes régulières dans le quartier. Les murs de plus de trois mètres qui le bordent représentent un obstacle difficile à franchir. Avec ceux de Picpus, des Errancis et de Sainte-Marguerite, il est l'un des quatre cimetières parisiens à avoir reçu des corps suppliciés par la guillotine. En cet automne 1793, il est quasi plein, mais on y entasse toujours des corps. Aux habitants disparus se sont ajoutées la centaine de victimes, mortes étouffées et piétinées non loin, lors des fêtes célébrant le mariage de Louis XVI et de Marie-Antoinette, il y a plus de vingt ans ; quelque quatre cents soldats suisses, tués lors de la journée du 10 août, voici quatorze mois ; et trente-neuf guillotinés, depuis Nicolas-Jacques Pelletier, un bandit de grand chemin qui n'avait rien à faire avec la Révolution, le 25 avril 1792. On y trouve Charlotte Corday, exécutée le 18 juillet, tandis que les vingt-deux Girondins sont attendus pour bientôt dans un carré de terre creusé à leur intention.

Le plus célèbre cadavre est celui de Louis XVI, déposé le 21 janvier, dès sa mort. La Convention l'a fait inhumer là, craignant un culte et un pèlerinage s'il avait été isolé dans une tombe particulière, comme l'ont demandé ses défenseurs royalistes. Ce cadavre, une fois tranché par ses soins, appartient à la République : elle l'enterre comme elle le souhaite, c'est-à-dire anonyme au milieu des autres anonymes, sous six pieds de terre. Une courte cérémonie a cependant eu lieu, présidée par un prêtre constitutionnel, le vicaire assermenté Damoureau, qui a fait déposer le corps par un détachement de gendarmerie, psalmodier les vêpres, réciter les prières du service des morts. Le corps, mis à découvert dans la bière, a été, d'après les ordres de la Convention, jeté au fond de la fosse, profonde de trois mètres, à deux mètres du mur de clôture, dans le quart sud-est, sur un lit de chaux vive accélérant sa décomposition. La tête fut placée à ses pieds ; le tout recouvert d'un autre lit de chaux vive, puis d'un lit de terre, fortement battu à plusieurs reprises. Le corps a été rendu à son destin naturel, celui de disparaître avec le temps, exclu de la cérémonie monarchique à laquelle, dans l'Ancien Régime, il avait droit. La haine des rois, sentiment fondateur de la République, s'est manifestée par cette négation des rites sacrés du corps souverain, par ce laconisme recommandant la neutralité des restes.

Le 16 octobre 1793, le corps de Marie-Antoinette, qui vient d'être jugée, reconnue coupable de trahison, exécutée sur la place de la Révolution, est porté à son tour en terre au cimetière de la Madeleine, dans un carré proche de celui du roi. Henry de Villemort exige de son fils William qu'il y aille récupérer les restes de la reine et, s'il le peut, ceux du roi, déposés neuf mois auparavant. Ces corps ont pour lui une valeur charismatique : en eux a coulé, coule encore peut-être, le sang des sangs. Le doigt de Dieu a touché ces corps ; un miracle providentiel pourrait faire couler d'eux le plus précieux des liquides jamais bus, la sève de la régénération vampirique définitive, comparable à la valeur transsubstantielle et rédemptrice du sang du Christ-Roi.

La nuit suivante, William se rend au cimetière de la Madeleine, pour repérer les lieux – il veut profiter de la relève du peloton de gendarmes qui y veille, après 2 heures du matin, quand il change de service à la caserne voisine de la Grande-Rue-Verte. Villemort sait également par Martainville qu'un homme connaît l'emplacement exact des restes royaux. Il s'agit d'Olivier Desclozeaux, riverain du cimetière, habitant rue d'Anjou, témoin des deux inhumations. Royaliste convaincu, il a soigneusement noté où ont été enterrés les corps. Mieux, il a déjà entouré cette parcelle du cimetière d'une charmille, plantant deux saules pleureurs et des cyprès, dans le souci de sauvegarder les dépouilles du couple royal et des autres victimes importantes qui y sont inhumées. Avec un petit groupe de fidèles royalistes, il note jour par jour l'identité des guillotinés enterrés. William de Villemort s'est introduit en début de soirée au domicile de Desclozeaux, au 48 de la rue d'Anjou, a trouvé le petit homme seul travaillant précisément à son registre, assis à une table, et n'a pas eu de mal, ôtant son masque d'acier noir et tâtant son poignard, à l'impressionner et à lui faire avouer son savoir funèbre.

Le 19 octobre à 2 heures du matin, la petite troupe vampirique s'empare du cimetière de la Madeleine. Il faut faire vite et creuser profond, d'après les indications du plan Desclozeaux ; bêches et pioches ont été apportées. Une vingtaine de femmes vampires accompagnent William, filant comme des spectres dans la pénombre, étonnamment habiles à circonvenir un cimetière, leur élément le plus naturel. Fascinée par ces restes royaux, Ewa, la mère de William, accompagne le groupe. La recherche est rapide, la petite charmille de cyprès aisément repérée dans la partie la plus proche de la rue d'Anjou. William creuse,

creuse encore, tandis que les femmes ramassent et déblaient silencieusement la terre avec leurs mains. Sa tâche est épuisante mais il s'est pris au jeu, comme un drogué de sang qu'il est redevenu.

William n'est plus que tombeau, devenu maître d'un immense cimetière où les corps s'amoncellent, vampire dans cette République des cadavres. Tout à la fois fossoyeur et corps primitif s'agrandissant jusqu'à recouvrir un cimetière entier. Il se mêle à la poussière des restes ; des visions de cauchemar traversent son esprit ; il parcourt ces lugubres régions, ce grand désert de Terreur, ce monde de ruines, de spectres, de goules et de cannibales. Métamorphosé, cheveux hirsutes, à moitié nu, balafré, couturé, travaillant de ses mains la terre des morts, il lui semble qu'il va pouvoir boire enfin les coupes fumantes recueillant le sang des guillotinés. De ses pieds, il a l'impression de fouler un amas de cadavres étêtés.

William peut entendre la sourde plainte des corps suppliciés. Ne dit-on pas de Charlotte Corday – juste guillotinée, sa tête souffletée par le bourreau – qu'elle a montré à tous sa colère d'une grimace, a rougi, effaçant sa pâleur cadavérique ? Comme si elle avait ressenti l'arrière-douleur du tranchant de la lame sur son cou. Comme si elle avait éprouvé son moi non aboli par l'exécution. Comme si le guillotiné souffrait, physiquement d'abord, puis en conservant la conscience de son existence ! Le roué mourait lentement, atrocement, mais à la vue de tous ; le décapité meurt vite mais, dans un long silence ignoré, éprouve la douleur nerveuse de la décollation puis, par la conscience du spectacle même de cette séparation, s'apitoie sur son sort d'être ainsi divisé, rendu à l'infamante condition de deux morceaux de corps détachés du flux vital.

Soudain, des restes apparaissent ! Un cadavre encore entier, non squelettique, aux chairs en place même si elles sont raidies par la mort. Sûrement celui de Charlotte Corday dont William ressentait la plainte et la colère à l'instant. Puis un autre, trois, quatre autres, une dizaine, dans le même état, les décapités des dernières semaines, le général de Custine, Olympe de Gouges, Louis de La Rochefoucauld, l'architecte Richard Mique, Jacques Cazotte, l'auteur du *Diable amoureux*, Gorsas le journaliste, Arnaud Laporte, Karl Josef von Bachmann, garde suisse personnel de Louis XVI, Paul Miette, un restaurateur, Rivier de Mauny, revenu d'émigration, et un faux-monnayeur, Durand, mort le lendemain du roi. Celui-ci ne doit pas être loin, mais il reste introuvable. Enfin, sur le côté, voici un corps presque encore souple, dont la chemise est intacte, le plus récent, datant de deux jours : la reine. La tête, placée entre les pieds, est magnifiquement conservée, on pourrait l'embrasser. Se dessine cependant sur ses lèvres pincées le rictus sec d'une femme hautaine ayant traversé les épreuves. Les goules ont bientôt remonté tous les corps, laissant les têtes au fond des fosses, sauf celle de Marie-Antoinette, qu'Ewa de Villemort a prise et regarde, fascinée.

Il est bientôt 3 heures, William de Villemort sort de son trou ; les femmes jettent à la hâte les monceaux de terre remuée pour recouvrir la fosse. On laisse là le roi, à regret. Son corps ne sera découvert qu'aux premiers jours de 1815 par les agents officiels de la Restauration, et enlevé pour être placé à l'abbaye de Saint-Denis, sépulture traditionnelle de la monarchie, à la demande de Louis XVIII, désirant pour son frère des funérailles nationales et expiatrices. Cependant, personne ne dira que le corps déposé à côté de celui du monarque au tombeau de Saint-Denis, le 21 janvier 1815, n'est pas celui de la reine. Car, dans la nuit d'octobre 1793, il est transporté à dos de femme vampire, comme dix autres cadavres. William referme la grille forcée du cimetière de la Madeleine. Les goules disparaissent, fuyant dans la nuit comme des fantômes vers l'hôtel du Marais, pourvues d'une force prodigieuse qui leur vient du corps même qu'elles transportent. Le grand hachoir de la cave de l'hôtel des Villemort travaille bientôt à plein régime, le pressoir laissant à l'aube son précieux jus de sang dont pourra se nourrir la petite communauté vampire pendant quelques semaines.

Au corps de la reine, un autre usage est accordé. Le duc de Villemort, qui supervise toute cette industrie du sang, désire qu'il soit momifié pour être placé au château du Parisis, à côté de celui d'Eugénie, afin d'en disposer et de s'en inspirer à loisir, ses loisirs d'éternité. Mais auparavant, avec la peau des cuisses, il souhaite se faire une culotte d'un goût particulier. Son désir le plus puissant lui a fait concevoir cet habit en écorché de reine. Il le sait, pelletier maléfique, la peau qui provient d'homme est d'une consistance et d'une beauté supérieures à celle des chamois, et celle des sujets féminins est la plus souple et douce qui soit. Son imagination morbide l'a conduit jusqu'à la tannerie de Ponts-de-Cé, d'où il a fait prélever les outils et le métier nécessaires à la fabrication de ces culottes de peau humaine. Entreposée près du grand hachoir, la machine de pelleterie peut rendre enfin à Henry de Villemort cette satisfaction suprême, porter la reine à même ses cuisses de vampire ancestral.

C'est au moment où Henry va goûter ce plaisir qu'on s'enquiert de la tête de Marie-Antoinette. Ewa de Villemort s'en chargeait... Ni l'une ni l'autre ne sont là. Plongée dans sa contemplation, littéralement hypnotisée par ce visage qui l'engourdit, l'épouse du patriarche est demeurée toute la nuit sur la tombe fraîchement remuée, happée par la morte sacrée et l'atmosphère du cimetière nocturne si chère aux vampires.

Au matin, elle sort, apeurée, dans la rue d'Anjou, la tête de la reine dissimulée dans les plis de sa robe noire. Elle avance, le plus discrètement possible, suivant la rue Saint-Honoré, où elle croise bientôt l'agitation, pressant encore le pas. Elle aurait dû abandonner au cimetière sa relique royale, mais elle n'a pas pu. Alors qu'elle parvient près de la Halle, un chien s'approche d'elle, reniflant la viande, puis l'agresse, lui volant sa proie. Quand la tête roule au sol de la gueule de l'épagneul agasse, la pauvre femme tombe à genoux. La foule, venant du marché des Innocents tout proche, l'entoure rapidement : « Qui es-tu citoyenne ? » Puis lui demande des comptes : « D'où vient cette tête ? », « Qui est-ce ? » ; l'invective : « Pourquoi la transportais-tu ? » Ewa de Villemort reste muette, tremblante, hagarde. La foule est inquiète en ces jours de l'automne 1793, elle craint tout, y compris les vieilles femmes seules ; elle craint surtout les complots et les assassinats, que semble signer cette tête de cadavre. Le vol de corps est puni de mort et, si c'est elle l'assassine, cela vaut massacre immédiat par le peuple de Paris, qui foudroie ainsi ses ennemis ou ceux dont il a peur, comme en septembre précédent.

Bientôt, on la moleste donc. Puis, cinq sectionnaires de la Halle, dépêchés sur place, Hervelin, tambour canonnier, Tirceux, ébéniste, Pouget, canonnier, Fère, tabletier, et Roussel, gagne-denier, s'emparent de la tête et semblent reconnaître… la reine. À ce mot, hurlé avec joie par les cinq hommes, qui ont assisté, trois jours plus tôt, au passage du convoi en charrette de Marie-Antoinette vers le lieu de son supplice, à ce mot qui excite la foule sans commune mesure, la curée s'emballe. On saisit la Villemort, on la relève, on veut lui faire prêter serment sur la tête de la reine, on la blesse au front, le sang commence à couler. Elle reçoit derrière la nuque un coup de sabre qui lui enlève son bonnet. Ses longs cheveux tombent sur ses épaules. Un autre coup de sabre l'atteint à l'œil ; du sang jaillit ; sa robe en est maculée. Elle aurait voulu tomber, se laisser mourir, mais on l'oblige à se relever encore, à porter la tête de la reine, et la foule assiste au massacre. Ewa de Villemort tombe de nouveau. Un certain Charlat l'assomme d'un coup de bûche. C'est le signal du meurtre. On arrache tout, robe et chemise ; et, nue, elle est étalée au coin d'une borne. On s'acharne sur son corps, lui arrachant le sexe. Transpercée de coups de sabre, de pique, elle n'est plus qu'une chose informe, rougie de sang, méconnaissable. Un garçon boucher, dénommé Grison, lui coupe enfin la tête avec son couteau.

Un cortège s'ébranle, brandissant les macabres trophées, traînant le corps à l'aide de deux cordes nouées aux pieds. D'un côté, au bout d'une pique, est fichée la tête de la reine, de l'autre, voici sur une deuxième pique celle d'Ewa de Villemort. Plus horrible, un homme, à la pointe d'un grand couteau, montre un lambeau de chemise trempé de sang et le sexe de la vieillarde, pauvre mystère de femme que l'on promène comme un trophée. Le cortège aux deux têtes, joyeux, gouailleur, heureux d'avoir su déjouer un nouveau complot, se dirige vers l'Assemblée nationale. La foule passe au Palais-Royal, pour présenter la tête de Marie-Antoinette au duc d'Orléans, Philippe-Égalité, son cousin et son grand ennemi, qui refuse de se présenter aux fenêtres voir le spectacle macabre. Le cortège parvient aux Jacobins, qui a barricadé sa porte en apprenant la rumeur qui le précède, puis il poursuit son chemin jusqu'à la Convention nationale, espérant y être reçu en triomphe pour ce double exploit républicain, avoir défait un grand complot et apporter aux députés la tête de la reine exécrée.

La farandole, qui a duré trois heures, est accueillie froidement par la garde nationale en armes, qui a bouclé l'accès à la salle de l'Assemblée. Cette violence a toujours horrifié les élites révolutionnaires, et la rumeur incroyable concernant la tête suppliciée de Marie-Antoinette a achevé de convaincre les députés de mettre fin au massacre et à la mascarade. Une délégation de la Convention s'avance, conduite par Georges Danton et Louis Villemort. Le premier saura parler à la foule par sa proximité avec le peuple ; le second fera autorité par sa prestance et sa vertu. Quand le cortège apprend qu'on vient à lui, il se calme, présentant sans excitation aux députés les deux têtes plantées au bout d'une pique. Danton réplique qu'il ne s'agit en aucune façon de la reine et qu'il faut les remettre toutes les deux, avec le corps de la malheureuse victime, à la police de la municipalité, qui mènera son enquête. Il demande avec force à la foule de se disperser sur-le-champ, sous peine d'arrestation immédiate. « Ces honteux cortèges de massacre nuisent à la grandeur de notre République, qui doit rester vertueuse, sévère et calme », tonne Villemort.

En Louis, le député maintient les fermes apparences vis-à-vis des sans-culottes, mais le petit-fils, qui a tout de suite reconnu le visage d'Ewa, se cache intérieurement pour pleurer.

IX

L'Hercule épuisé

À 1 heure du matin, le 4 prairial an II, patrouillant aux abords du Palais-Égalité, quelques citoyens de la section locale, armés de leurs piques, entendent un cri : « À moi, on m'assassine... » Patriotes et téméraires, quatre d'entre eux s'avancent vers la porte du passage des Deux Pavillons, d'où provient l'appel au secours. Là, les sectionnaires découvrent Louis Villemort, nu-tête, commotionné et gisant dans son sang. Un homme, dans l'escalier de l'immeuble, vient de se précipiter sur lui, armé de deux pistolets. Le premier a fait long feu, ne brûlant que l'amorce, le tir du second a traversé l'épaule de part en part, du devant de la poitrine à l'arrière, manquant le cœur de quelques centimètres. L'assassin s'est réfugié dans une chambre, au quatrième étage ; il est encore armé d'un fusil. Trois des sectionnaires montent à l'assaut, le quatrième restant auprès de Louis qui gémit. Retranché, le forcené hurle : « Avancez, scélérats, et je vous tuerai ! » Quelques coups de feu retentissent quand les hommes enfoncent la porte. Le meurtrier, gravement blessé, est arrêté. Il meurt pendant son transfert vers le poste de police de la rue Favart.

Villemort est rapidement transporté au Grand Hospice d'Humanité, l'ancien Hôtel-Dieu, pour y être soigné. La blessure est sérieuse, comme l'indique le procès-verbal signé par les deux chirurgiens qui l'opèrent, Ruffin et Legras : « Requis pour constater l'état des blessures, avant l'intervention médicale, nous déclarons, après examen, avoir trouvé : 1° une contusion avec ecchymoses sur la joue et à la mâchoire inférieure du côté gauche ; 2° une plaie de forme ronde de la grandeur d'un écu de trois livres, à deux pouces dessous la clavicule gauche, à deux pouces dessus le cœur, pénétrant tous les muscles, et se terminant par une seconde plaie, de même grandeur, à la distance d'environ quatre pouces, légèrement plus haute que la première, désordres que nous attribuons à l'action d'un coup d'arme à feu à bout portant, lesdites plaies exhalant une odeur nitrosulfureuse. Nous estimons que le blessé a le plus grand besoin d'être pansé, les plaies nettoyées, et médicamenté selon son état, ne pouvant quant à présent déterminer quand il pourra être guéri, vu les accidents consécutifs que l'on peut prévoir. »

En apprenant la nouvelle, au début de l'après-midi, la Convention est en émoi. Robespierre quitte le Comité de salut public, en compagnie de Collot d'Herbois et de Barère, pour venir en séance afin de rendre compte des premiers éléments de l'enquête et tirer les leçons de ce nouvel attentat. Dans une courte allocution, il fait partager son émotion aux députés : « Le parti de l'étranger et les aristocrates de l'intérieur, sentant qu'ils ne pourront jamais nous vaincre, ont fomenté un nouveau complot, le dernier avant notre victoire : ils veulent assassiner la représentation nationale ! Ils essayent de dépraver la morale publique en bannissant de la République le bon sens, la vertu et la divinité. Nous avons proclamé la raison et l'Être suprême ; nous avons commandé la vertu au nom de la République. Il leur reste encore l'assassinat, ensuite l'assassinat, et puis encore l'assassinat. En disant ces choses, j'aiguise peut-être contre moi des poignards, et c'est pour cela même que je les dis. J'ai assez vécu… » Poussant le discours de la lutte contre la corruption jusqu'à se voir mort, sacrifice offert à la Convention pour qu'elle poursuive l'élan de la Révolution, Robespierre emprunte le trajet même de la blessure de Villemort : la régénération ne pourra vaincre la corruption que par l'excès du mal, forçant les assassins à commettre leurs crimes pour mieux les révéler, les punir et sauver les hommes vertueux. Seule cette meurtrissure peut achever la Révolution.

Maximilien Robespierre se rend au chevet de Louis Villemort, qui se repose dans une chambre du Grand Hospice d'Humanité, surveillée par trois gendarmes gardant l'entrée. La main de l'aîné prend celle du cadet et la serre. Une amitié sincère lie les deux hommes. Pour Robespierre, Louis est une apparition inespérée née de la Révolution, son être idéal, ce qui excite les jalousies meurtrières de tous ses ennemis. L'Incorruptible aime aussi en lui ce qu'il soupçonne de passion, d'angoisse, de fragilité, tenues dans le secret. Robespierre admire en Louis son apparence et son mystère. Pour le jeune homme, l'Incorruptible est le seul révolutionnaire nécessaire ; il voit en lui l'homme qui a vécu le plus intensément l'âge entier de la Révolution, ses cinq siècles en cinq années, ce qui en fait la conscience vivante. Plus Louis juge la France incapable de se gouverner elle-même, plus il embrasse l'idée que seul Robespierre est capable de la relever. Villemort le rêve en incarnation d'une dictature vertueuse, parce qu'il n'a jamais varié, ni dans ses idées ni dans ses habitudes. Cette amitié dépasse la politique, touchant les émotions, les sentiments, les vues de l'esprit, le respect de la nature, ce qui constitue leur intime tendresse partagée, ce que permet le lien entre deux moi égaux et fraternels.

Louis Villemort guérit lentement. Sa meilleure médecine est le billet déposé par Marie de Méricourt dans sa chambre tandis qu'il récupérait, ayant sombré dans le sommeil : « Mon ami, mon ami, que je suis inquiète ! Qu'il est cruel pour moi de ne pas être ton infirmière ! De ne pas savoir, aussitôt que ma pensée, comment ton pouls bat ! Tu es là, sous mes yeux, brûlant, agité, mais ailleurs, sans que je puisse intervenir ni te couvrir de baisers, apaiser ta souffrance du souffle léger de mon être. Partir et détourner mes regards de ton lit, ô mon cher, est ma douleur ; mes pensées y retournent toutes, empressées, angoissées, aimantes. On m'a ravi ton corps pour un temps, que j'en suis malheureuse. Ô Louis, mon ami, recouvre ta santé, et que mon amour verse du baume sur tes plaies. » Il lui a murmuré à l'oreille à la visite suivante, deux jours plus tard : « Ton écriture fait palpiter mon cœur. »

Cette blessure que Marie veut apaiser, et qu'elle soigne par son amour, intéresse également les députés de la Convention. Chaque jour, ses séances sont précédées de la lecture publique à la barre du bulletin de santé du « citoyen Villemort ». Aux premiers jours de cette cérémonie de la meurtrissure, l'inquiétude demeure : « Les élancements dans le trajet des blessures ont continué avec force ainsi que le suintement puriforme. La nuit dernière ces accidents ont augmenté au point qu'il n'a pu trouver un instant de sommeil. Tout ce grand travail du corps, pour douloureux qu'il soit, fait espérer que les escarres vont accélérer leur chute. » Au bout de huit jours de souffrance, le calme et le repos s'établissent progressivement : « Ce bénéfice est dû au suintement puriforme qui a été considérable ; ce qui a bien dégorgé les environs des plaies, et ébranlé les escarres. Il faut espérer que cette purification nécessaire se poursuive. » La tranquillité s'établit autour du 20 prairial : « Hier, le blessé a passé la meilleure journée qu'il ait eue depuis l'attentat ; un bon sommeil, point de picotements ni d'élancements aux plaies ; ce matin le pouls est calme. » Les députés applaudissent à cette nouvelle, rassurés par ce bulletin. Puis viennent les signes de la guérison complète – « le trajet des blessures commence à se remplir, la suppuration est louable, les chairs se renforcent et se referment » –, écoutés dans le plus grand silence puis chaleureusement applaudis.

La blessure désigne le complot, elle matérialise les coupables. Elle peut guérir – Villemort en est la preuve – si elle ouvre à l'épuration de la République, exactement comme le corps de Louis a été sauvé par sa purgation médicale. La seule réponse possible au crime consiste à être plus sévère encore. C'est sa transcription politique. Le Comité de salut public, à la demande de Robespierre, prend donc, le 22 prairial, une série de dispositions radicales et terribles : « Les nobles, les prêtres et les étrangers n'habiteront plus ni Paris ni les places frontières » ; « Le Comité de salut public est autorisé à mettre en réquisition tous ceux qu'il croit utiles » ; « Le Tribunal révolutionnaire siège sans discontinuer ; il ne prononce plus qu'un jugement, coupable ou non coupable » ; « Les coupables sont exécutés sans délai » ; « On encourage la dénonciation des suspects par des récompenses et des indemnités » ; « Les oisifs qui se plaignent sont déportés à la Guyane ». À mesure des vingt-quatre bulletins de santé de Louis Villemort lus à la Convention et décrivant quotidiennement sa régénération physique, l'autre régénération progresse : ces mêmes vingt-quatre jours, entre douze et cinquante-quatre personnes montent quotidiennement à l'échafaud, victimes de la Grande Terreur. Marie prouve son amour à Louis en le couvrant de baisers ; Robespierre son amitié en envoyant à la mort toujours plus de coupables.

Un paradoxe veut que la République soit antichrétienne et proreligieuse. Elle mène une politique hostile au catholicisme, mais elle veut susciter des cultes, des religions de substitution. Le discours, même en l'an II, surtout en l'an II, est chargé de références bibliques ou sacrées, et les fêtes empruntent leurs rites au culte ancien en les arrangeant d'allégories et de rhétorique nouvelles. Le 24 prairial, la fête de l'Être suprême est ainsi célébrée avec magnificence. La procession des députés et des élus parisiens de la République, avec à leur tête Robespierre, élu quatre jours plus tôt président de la Convention, parcourt le Champ-de-Mars, entourée et acclamée par une foule de près de soixante mille personnes. Vêtu d'un habit bleu ceinturé de tricolore, couvert d'un chapeau à plumes de mêmes couleurs, l'Incorruptible tient un bouquet d'œillets et d'épis de blé à la main. Devant une statue de la Raison de huit mètres de haut, il met le feu à quatre mannequins de paille sur chacun desquels est indiqué en lettres de gros caractères ce qu'ils symbolisent, l'Athéisme, l'Ambition, l'Égoïsme et la Fausse Simplicité. Sur une montagne artificielle d'une trentaine de mètres de hauteur, on a dressé la monumentale statue d'Hercule de douze mètres que Louis Villemort proposait de placer aux frontières, dessinée et conçue par David. Le grand ordonnateur de la pompe républicaine a fait sculpter dans le bronze cet immense corps, qui porte sur lui, gravées, les valeurs du peuple nouveau : « lumière » sur son front, « nature » et « vérité » sur sa poitrine, « force » sur chaque bras, « travail » sur la main droite. Dans la gauche, reposent, dressées, les figures de la Liberté et de l'Égalité, serrées l'une contre l'autre ; de la droite, il tient une « massue terrible ». Il foule aux pieds les débris des figures des rois arrachées à la façade de Notre-Dame.

Tout au long de cette cérémonie, une allégorie de la déesse Raison, incarnée par Sophie Lepeletier, chastement vêtue, a suivi Robespierre, et finit par lui tendre un rouleau de parchemin. Il s'agit d'un discours écrit sur son « lit de douleur » par Louis Villemort, et que Robespierre déclame : « Le peuple français va reprendre l'attitude d'Hercule. Il attendait ce gouvernement robuste qui raffermit toutes ses parties, qui, distribuant dans ses veines la vie révolutionnaire, le retrempe d'énergie et complète sa force par la fulgurance de l'action. Les lois, qui sont l'âme du corps national, se répandent immédiatement, le parcourent, circulent avec célérité dans toutes les veines, et arrivent en un instant du cœur aux extrémités. Cette image du peuple géant debout, du peuple français dressé, tout de force et de simplicité, montre à tous que notre force ne repose que sur le génie et la vertu du peuple. » La fête est une indéniable réussite civique et esthétique.

Politiquement, par contre, elle recèle un double piège. Pour Louis Villemort, qu'elle place, alors qu'il est retiré de l'action par sa blessure, dans la dépendance totale de Robespierre, comme son jeune affidé et le premier prétexte à l'intensification de la Terreur. Pour l'Incorruptible, cette place en tête de cortège révèle le sentiment de sa toute-puissance. Mais également son aveuglement devant les forces en présence à la Convention. La fête peut marquer pour ses adversaires la prise de conscience qu'il est temps d'agir, parce qu'il est isolé, privé de son couteau, et parce qu'ils voient cette cérémonie grandiose comme l'avènement d'un pouvoir personnel, celui d'un nouveau dictateur ou d'un grand prêtre. Plusieurs conventionnels n'ont pas caché leur hostilité à ce pontife de l'Être suprême et certains ont maugréé en marchant au pas derrière lui.

Au moment même où Robespierre lit son discours vertueux, Louis Villemort reçoit la visite de Marie dans sa chambre gardée du Grand Hospice d'Humanité. Ce n'est pas la première en ce lieu, mais les précédentes concernaient un grand blessé. Désormais que son état s'est amélioré, Louis, contraint à garder le lit encore une dizaine de jours, retrouve des forces. Et le lit des douleurs peut accueillir le plaisir, tandis que Marie, doucement, ouvre le drap et la chemise de son amant. Elle le baise, rebaise encore, lèche la peau, les tétons, et sa main parcourt une cuisse, passe entre les deux, empoigne le vit. Sa bouche remonte aux lèvres de Louis, qui se laisse faire, de bon gré. Et le vit saisi devient plus dur qu'une barre de fer. La main le soulève et le branle. Marie, glissant le long du corps de son amant, s'agenouille entre les cuisses écartées, le gamahuche en lui caressant et les couilles et le cul. Louis proteste à demi car l'épaule lui tire, mais sans même entendre son gémissement elle jette toute son énergie voluptueuse sur ce lit de repos, branlant activement le vit de la main qui a abandonné provisoirement le cul. Le foutre vient ; Marie s'enivre de ce sperme, qui coule à jet. Elle se rejette alors sur la poitrine de Louis, suce sa bouche, tandis qu'il la branle délicieusement de sa main valide. Trois fois, elle se pâme. Puis revient à l'entrelacement des langues avant de redescendre sucer le vit qui a repris sa vigueur. Sa langue le lèche sur tout son long, relève les couilles, qu'elle aspire, puis s'active sur le gland, qui pénètre la bouche plus profond encore quand Louis se dresse et creuse les reins. Un doigt libertin effleure le trou du cul et il l'inonde de foutre à nouveau, avec des pensées bien diverses.

Les bienheureux ne savent pas ce qui se trame. Pélagie de Méricourt et Georges Danton sont arrêtés alors qu'ils quittent un déjeuner pour se rendre aux Cordeliers. Un signe avant-coureur en était sans doute le choix de Sophie Lepeletier comme nouvelle déesse de la Raison. Marie, tout à son bonheur de retrouver les bras de son amant, n'a pas voulu ou su le lire ainsi. Cette distinction n'était pas qu'une alternance fortuite entre les deux orphelines de la République, comme on l'a dit, mais la désignation d'une disgrâce. Pélagie de Méricourt inquiète Robespierre et le Comité par son rapprochement avec Danton et la sans-culotterie parisienne. Sa fille en est la première victime, toute symbolique, d'autres vont suivre, le payant de leur vie. Sophie Lepeletier incarne cette nouvelle grâce de la République, que la rumeur désigne comme la maîtresse d'un des députés les plus influents de la Convention, Paul Barras.

Robespierre veut aller vite, à la bataille comme à sa résolution. Dans la nuit, il convoque les deux comités, de salut public et de sûreté générale, seuls susceptibles d'envoyer ensemble Georges Danton et Pélagie de Méricourt à la mort. L'Incorruptible est un redoutable stratège. Ses attitudes de raideur composée n'empêchent nullement le feu du verbe, rigoureusement placé à l'intersection de la raison et du sensible. Il sait galvaniser, mobiliser, s'approprier la fonction émotionnelle du gouvernement des hommes. Voilà le rêve robespierriste : faire entendre, quasi poétiquement, une parole politique.

Dans la nuit décisive, la stratégie prime. Robespierre peut compter sur une demi-douzaine de voix fidèles, Couthon, Barère, Jeanbon Saint-André, Prieur, Saint-Just, Collot d'Herbois, il lui en faut le double. Il confie le rapport d'accusation à Carnot ; c'est un coup de maître : faire endosser cette tâche au plus honnête, au plus modeste et au plus respecté des membres, en lui donnant un rôle majeur qui le hausse soudain. L'Incorruptible circonvient également par la peur Merlin, Lindet, Billaud-Varenne, Treilhard, Cambacérès, puissant ciment s'il est bien utilisé, chacun craignant, pour des raisons diverses, que la contagion de la mise à mort ne monte jusqu'à lui. Sept plus cinq, cela fait douze, les deux comités siègent à vingt-trois ; la courte majorité est assurée. Elle sera plus grande encore en attisant habilement les jalousies que Méricourt et Danton ont fait naître lorsqu'ils étaient au pouvoir, l'année précédente.

Leur temps semble passé ; les excès de l'une et les plaisirs de l'autre ont lassé. Robespierre parvient à les associer à la réputation qui disqualifie ceux qui s'en voient rapprocher, celle de factieux, quand l'intérêt privé supplante le général. Au nom de la vertu qu'il incarne, Robespierre renvoie Danton et Méricourt à la faction qu'ils défendent. Ce mot déconsidère et peut signer un arrêt de mort. L'Incorruptible leur a même trouvé un nom, qui leur va bien ; une faction n'est jamais plus visible que lorsqu'elle est nommée. Voici donc les *exagérés*.

Georges Danton et Pélagie de Méricourt, exagérés parmi les exagérés, ont une faiblesse : à l'exception de la mise à l'ordre du jour de la Terreur, ils n'ont rien fait de leur pouvoir, le laissant échapper au bout de quelques mois de chaos et de défaites, de dénonciations et de massacres. À l'inverse, Robespierre, quand il a été appelé au pouvoir, gouvernant au centre, dans la position qu'il a toujours privilégiée, ménageant sa droite et sa gauche, a travaillé, ou a fait travailler, ce qui est plus habile encore, donnant à tous les membres du Comité de salut public des tâches d'organisation du pays, d'administration, de mobilisation militaire, d'intendance, de pédagogie, d'économie, de conception des fêtes ou du nouveau calendrier. Il a su s'attacher la fidélité des besogneux en leur confiant l'intérêt général.

L'autre force de Robespierre est sa faiblesse. Il se sait isolé, tout à la fois parce que son arme principale, Louis Villemort, est pour le moment hors d'état de combattre, et parce que tout assouplissement de la Terreur menacerait son pouvoir. Le moindre relâchement lui serait fatal, où s'engouffrerait le marais des députés plus modérés, qui n'osent pas encore s'affirmer, tenus par la peur, pour réclamer le modérantisme dans la punition des ennemis. Sachant cette double faiblesse, Robespierre attaque, c'est son génie propre.

Dernière habileté de l'Incorruptible, il parvient toujours à éviter le duel direct avec Danton, le sachant redoutable sur le terrain tribunicien. Quand Danton est mis en accusation, au lendemain de son arrestation, c'est Saint-Just qui parle à la Convention devant les députés étonnés, en portant le soupçon de corruption. Puis c'est Fouquier-Tinville qui, en tant qu'accusateur public au Tribunal révolutionnaire, lui interdit la parole, et obtient sa condamnation lors d'un procès inique. Les têtes de Georges Danton et de Pélagie de Méricourt tombent dès le lendemain. Une part de la Révolution est morte.

En apprenant le sort de sa mère, Marie de Méricourt va, folle de douleur, s'adresser à Robespierre, l'ami de son amant. Il se mure dans le retrait et le silence lorsqu'elle lui lance, comprenant qu'il n'y a plus rien à faire pour sauver celle qu'ils avaient, tous les trois lors d'un souper, tendrement surnommée « Pélage » : « Maximilien, Louis connaît ton orgueil mais n'a pas vu ta trahison. Tu as profité de sa blessure pour devenir un monstre, mais il a reculé devant l'idée d'accuser un ancien ami, son maître qu'il ne reconnaît plus pourtant. Cette main qui a pressé la tienne ne pouvait pas voter avec toi et tes sbires la proscription de ceux que tu imagines tes ennemis, alors tu agis dans son sommeil. Et tu envoies ma mère à la mort ! Tu n'as donc rien compris à son silence. » En devenant orpheline, Marie semble rallier le continent de la folie.

Pour la première et la dernière fois, Louis Villemort se révolte contre son aîné et son protecteur, contre l'ami qui a voulu le prendre sous son aile. Sa réplique vaut rupture de l'amitié, fracture brutale de son destin. Elle reste privée. Il ne combattra pas Robespierre dans l'arène publique, pour une autre guerre de faction. Sa réponse prend la forme du retrait ; il s'efface, il s'absente. Épuisé, ayant donné son fruit, il semble, pourtant si jeune, être passé d'un coup sur l'autre versant de sa vie, presque vieux, ayant vécu trop et trop vite. La trahison le laisse vide. Et regarder Marie désormais, comment le pourrait-il ?

Robespierre en demeure interloqué. Il attendait la morsure à pleines dents, ce qu'il aurait compris, mais voici la fuite hors de portée ou, pire encore, le souverain mépris de l'indifférence. Quand Louis Villemort revient aux Jacobins, dix jours plus tard, guéri, ou reparaît à la Convention, il est là comme absent, exilé de l'intérieur dans une République qu'il ne reconnaît plus, automate traversant mécaniquement ces marques d'amitié qu'on lui prodigue.

Robespierre ressent un vif chagrin de voir ainsi son jeune ami déserter la sainte cause de la Révolution. Plusieurs fois, il le provoque, blême de colère ; plusieurs fois, il essaye de le ramener vers lui, et lui parle comme à son frère, mais en vain.

Une seule fois, l'altercation est violente, à la Convention, quand Louis refuse de prendre part au vote sur la mise en accusation d'André Chénier, le poète de son âge qu'il admirait au début de la Révolution. Robespierre sermonne : « Apprends, Louis, que si tu n'étais pas Louis, on ne pourrait avoir autant d'indulgence pour toi. La manière dont tu fuis prouve que tu as de mauvaises intentions. » Villemort réplique, encore plus glacial : « Que te restera-t-il donc lorsque tu auras démoralisé le supplice ? Tu auras guillotiné le dernier des Français et tu te guillotineras toi-même ? » Chacun comprend qu'il assiste à une scène cruciale : la politique rompt brutalement une amitié qu'elle avait pourtant construite si liée, si intime, si indissociable. Saint-Just tente de minimiser l'affaire : « Louis, dit-il en s'interposant, ne doit pas s'effrayer des leçons un peu sévères que l'amitié de Robespierre vient de lui faire… » Villemort, en quittant sa place à la Convention dans l'instant, avant la fin de la séance, ne peut que répondre doucement et tristement au médiateur : « J'avais rêvé une République que tout le monde eût adorée. Je n'ai pu croire que les hommes fussent si féroces et si injustes. » Alors, Robespierre comprend qu'en voulant sauver son cadet il se perdrait lui-même, car d'autres à la Convention, plus pervers mais, pour l'instant, apeurés, pourraient profiter de la brèche, et il laisse Louis partir de son côté, aller son chemin.

L'enquête sur l'attentat du passage des Deux Pavillons porte ses fruits. L'adresse d'une cache est trouvée, grâce à une dénonciation, et la police s'y rend sous la direction de Jean-Pierre Amar, président du Comité de sûreté générale, celui qu'on surnomme le « ministre de la Terreur ». À la première heure, l'hôtel de la Couture-Sainte-Catherine est investi, on y arrête le duc de Villemort et une trentaine de femmes. Le principal suspect, Alphonse de Martainville, reste introuvable ; quant à William de Villemort, il est en fuite depuis quelques semaines.

Le duc de Villemort, qui doit comparaître devant le Tribunal révolutionnaire, est transféré à la Conciergerie, de même que les vingt-six femmes qui vivaient autour du patriarche dans l'hôtel du Marais. Le premier est enfermé dans la grande salle des gardes, sommairement compartimentée en cachots, la plupart insalubres. Les prisonniers sont si nombreux qu'un plancher est installé à mi-hauteur, permettant d'aménager deux espaces superposés. C'est dans la partie la plus retirée de cette salle voûtée que le doyen des Villemort est placé, dans une cellule haute, en compagnie de trois autres suspects, deux nobles et un vagabond.

Une fois par jour, il est conduit au grand préau, vaste cour rectangulaire dans laquelle il peut faire quelques pas et respirer un air moins vicié. Car, avec la chaleur de ce mois de juillet, l'odeur est pestilentielle. Au retour de ces promenades, il suit le couloir central, sombre et étroit, qui distribue sur son parcours de nombreuses pièces : la salle du guichet, le bureau du concierge, le greffe, l'arrière-greffe, le parloir, une pièce de repos pour les guichetiers, l'infirmerie, la chapelle et quelques grandes cellules pour femmes. C'est là qu'il peut voir sa progéniture nombreuse, enfermée en quatre profonds cachots. À chaque passage, certaines viennent lui baiser les mains ; il les caresse, passe une main dans leurs cheveux, les rassure quand elles gémissent et pleurent. Elles ont également droit à une sortie par jour, dans la cour des femmes, l'ancien jardin bordant le logis du roi. Là, les vingt-six femmes vampires se regroupent en un cercle, presque un tas, et bruissent entre elles, tandis que les autres prisonnières vaquent à des occupations quotidiennes, lavant leur linge à une fontaine, prenant leur repas sur une des tables de pierre. On dirait un essaim de chauves-souris, groupé le plus serré possible, s'enlaçant, s'accrochant, se suçant, ce qui provoque chez la plupart des autres femmes un certain dégoût.

Louis Villemort, ayant appris l'arrestation de son arrière-famille, se rend à la Conciergerie, prenant prétexte d'une inspection de la prison par une délégation du Comité de Sûreté générale, à laquelle il s'agrège. Dans son costume de Conventionnel, habit bleu à revers rouges, ceinture et panache tricolores, il demande à l'un des greffiers présents au bureau, à l'entrée de la prison, de lui indiquer où se trouve Henry de Villemort, son grand-père. Le jeune homme longe les quatre cellules des femmes vampires, la plupart assoupies, dormant les unes sur les autres en un amas noir. Celles qui le voient reculent, frémissantes d'hostilité, piaillant comme des choucas. Parvenu à la salle des gardes, Louis suit le dédale de l'étroit passage dessiné par l'encadrement des cellules. Il doit s'y reprendre à trois fois pour trouver la bonne. Là, tapi contre le mur du fond, recroquevillé sur sa paillasse, gît le patriarche vampire, sanglé dans un habit noir, petite chose étriquée et assoupie, le visage grisâtre, le crâne lisse, les fines lèvres bleues régulièrement saisies d'un léger tremblement, les mains effilées recourbées et serrées l'une contre l'autre. Le petit-fils Villemort fait appeler un gardien afin qu'on lui ouvre la porte. Il entre, tandis que les autres détenus sont entassés dans une cellule voisine. Il s'approche, ôte son chapeau qu'il laisse à ses pieds, s'assoit sur la paillasse sale, passe une main sur le front du vieillard, qui bientôt ouvre un œil. Peu à peu, distinguant le visiteur dans l'obscurité, l'œil s'allume, s'anime de peur et de joie mêlées. Sans soulever la tête, Henry de Villemort murmure quelques mots, que son descendant écoute en approchant l'oreille. « Elle était belle et fière », lui répond Louis en évoquant la tête de sa grand-mère, Ewa, lorsqu'il l'a vue devant la Convention en octobre dernier. Il ajoute à ces paroles un sourire qui apaise le vieillard. Puis, il repasse la main sur le front ancestral, pour une dernière caresse. Les yeux se ferment.

Louis se lève, ramasse son chapeau, quitte en se courbant la cellule de la salle des gardes, passe bientôt devant la salle de la toilette, où neuf condamnés à mort laissent leurs effets personnels, avant d'être tondus et attachés, encadrés par des gendarmes. Il poursuit son chemin, atteint le « côté des Douze » – un enclos triangulaire séparé par une grille de la cour des femmes –, où six autres condamnés saluent une dernière fois un proche. Il dépasse la cour du Mai, donnant sur la rue de la Barririez, où attendent deux charrettes, prêtes à partir pour la place de la Nation, où ont lieu les exécutions capitales. Louis quitte la Conciergerie, enlève son chapeau, dégrafe sa ceinture, qu'il garde à la main, et rentre chez lui en marchant, traversant la Seine par le Pont-Neuf après avoir longé le quai de l'Horloge.

Quelques jours plus tard, au matin, on frappe à la porte de la chambre du passage des Deux Pavillons. Louis et Marie sont allongés sur le lit, nus, endormis dans la chaleur moite de l'aube. On frappe à nouveau. Louis se réveille brusquement, détache son poignet à l'aide d'une petite clef qu'il trouve dans une cache sous le lit, s'habille prestement et va ouvrir. Le gendarme à l'entrée le prévient d'une visite. Equiano se présente ; Villemort le suit, après avoir laissé à sa maîtresse qui dort un billet d'explication.

Le grand Noir conduit Louis à la barrière de la Villette et lui raconte, tout en marchant à vive allure vers le nord-est de la ville, le long de la rue du Chemin-de-Pantin, comment William y a trouvé refuge en janvier, accueilli par son ami, qui l'a découvert dans un état misérable, retourné presque totalement à la condition vampirique ; puis l'a sevré, contraint de l'attacher toutes les nuits, sous ses hurlements, par des liens de cuir à de solides barreaux de fer, surveillé par deux gardes de la Légion franche afin qu'il ne s'échappe pas et ne retourne pas à sa race. Peu à peu, les crises se sont espacées, l'ordre est revenu dans son esprit, ses pulsions sanguinaires se sont estompées ; mais William a demandé à voir son neveu car il va très bientôt partir pour les Antilles, y suivant l'escadre de la Légion franche des hommes de couleur, qui vogue au secours des esclaves affranchis.

Comme si la marche de Louis ne devait pas s'interrompre, elle se poursuit en compagnie de William à travers le bois qui, le long du bassin de la Villette, part de la courtille et relie le faubourg de Paris à la plaine du village de Pantin. Dans cette atmosphère champêtre d'une belle matinée estivale, l'oncle raconte à son neveu son départ pour Saint-Domingue. Dans quelques heures partent les navires de Victor Hugues, commissaire de la République, et celui du gouverneur général Lavaux, le premier pour la Guadeloupe, le second pour Saint-Domingue, chargés par la Convention de faire appliquer le décret d'abolition de l'esclavage. Louis est au courant, il a accueilli en février à l'Assemblée la délégation de la barrière de la Villette, espérant y trouver son oncle, dont il n'avait plus de nouvelles. Le 4 février, il a communié dans la félicité générale qui a salué le décret d'abolition : « La Convention nationale déclare que l'esclavage des nègres, dans toutes les colonies, est aboli ; en conséquence elle décrète que tous les hommes, sans distinction de couleur, domiciliés dans les colonies, sont citoyens français, et jouiront de tous les droits assurés par la Constitution. » Il sait également que, sur place, les forces anglaises occupent les îles et, alliées aux colons, imposent le maintien de l'esclavage par la force. William lui apprend qu'à Saint-Domingue Toussaint Louverture veut rallier le camp républicain, qu'il attend le général Lavaux avec quatre mille hommes de couleur entraînés et équipés. La Légion franche part dans une semaine pour s'adjoindre à cette armée et combattre les Anglais, apportant trente mille fusils à bord des quatre vaisseaux prêts à mettre les voiles depuis le port du Havre, sous le commandement du chevalier de Saint-George et du général Magnificat.

Le neveu et l'oncle sont heureux de l'importance de cette mission, et doublement heureux de partager cette joie. William prend Louis par l'épaule, qui le fait encore quelque peu souffrir ; il n'en montre rien à son aîné. Celui-ci marche de façon à présenter à son cadet la profonde cicatrice noire qui lui barre la mâchoire. Louis s'enquiert de la guérison de cette plaie, tandis que William demande au même moment des nouvelles de la trop fameuse blessure à l'épaule. Ils rient ensemble, les blessés de la Révolution, le poignardé du 10 août et le pistolétisé de prairial, les Villemort meurtris de la République.

Leur amitié n'est pas perdue mais elle a été mise à mal. « Il n'y a que le méchant qui soit seul », dit Louis à William, lui reprochant son retrait, ses crises de solitude, la façon dont il s'est brusquement détourné de lui, son refus du monde. William lui rétorque que, tout au contraire, il part précisément « vers les autres » et pour le Nouveau Monde. Louis en convient, qui lui-même, après le brouhaha des assemblées parisiennes, ne rêve plus que de longues promenades en solitaire, loin du tumulte. « J'étais ton ami, lui avoue alors William, j'étais attaché à toi par la plus parfaite estime. Cependant, elle m'était plus tourmentante que douce. Cette amitié m'entraînait vers la Révolution et les affaires publiques tandis que ma fatalité me conduisait vers les morts et la tradition. J'étais écartelé entre notre amitié révolutionnaire et la présence en moi des Villemort, le sang de la race, le poids des mondes anciens. » « Notre amitié doit-elle tourner fatalement à la malédiction ? s'interroge Louis. Quand j'ai un ami, j'ai grand besoin de ne pas le perdre, car quand il se détache, il me déchire. Il n'y a pas plus profonde blessure que de comprendre qu'un ami qui vous aime en fait ne vous aime pas… » Et, en disant cela, il pense aussi à Robespierre.

William parle de la plainte des guillotinés qu'il a entendue au milieu de la terre des cimetières, de la douleur des morts de la Révolution. Louis réplique sèchement : « Tu dois vivre d'un idéal, non du sang des victimes. La Révolution est plus forte que les vampires. Elle ne fait qu'exprimer son désir de voir sur l'échafaud les vampires, oui, mais ceux qui désolaient le peuple. » William, sarcastique, ironise sur le sort de son cadet, renégat à sa race qui fait couler le sang des aristocrates au nom de la République. « Mais ce sang n'est pas si pur, sais-tu ! Fais attention, il rejaillira peut-être sur toi… »

À propos des guillotinés qu'ils évoquent, Louis ne peut s'empêcher de lui rapporter une longue conversation qu'il a eue avec le docteur Cabanis, le bon Cabanis qu'ils aiment tous les deux. « Le supplicié n'éprouve rien, m'a dit Cabanis, il est tué avant la section complète de toutes les parties ; il l'est même déjà à l'instant où le couteau en tombant frappe la moelle allongée avant de la couper. Il n'y a pas de survie après la guillotine, même d'une seule seconde. La mort survient instantanément. Tranchante comme l'éclair, la guillotine prend la souffrance de vitesse. » « Mais j'ai entendu la plainte, j'ai écouté les morts, répond William. Abandonne ta raison raisonnante, comprends le monde avec tes sensations et tes émotions. » Louis n'en démord pas, la souffrance des guillotinés est une invention des royalistes pour décrier la République, elle fait renaître une vision monarchique où la vie réside d'abord dans la tête, chez le roi, souverain unique. « Tandis que ma conception, reprend-il, s'échauffant tout à coup, véhément, correspond à un système politique fraternel, dont le fonctionnement repose sur l'unité et l'égalité des membres. Le système républicain assure le va-et-vient entre le peuple et le gouvernement, et cette circulation est précisément fondée sur celle du sang à l'intérieur du corps. » Louis s'excuse soudain de s'emporter ainsi, il s'assoit, pris d'un vertige, sur un tronc d'arbre couché, en plein désarroi. Il pleure son idéal perdu, ce système républicain qu'il voit comme une perfection, à la manière du corps herculéen où les vaisseaux sanguins circulent harmonieusement et efficacement d'un membre à un autre. Cette statue fondatrice s'est effondrée sous ses yeux, victime des trahisons, des luttes à mort entre les révolutionnaires, des déchirements des enfants de la République. William pose la main sur sa tête, embrasse les boucles blondes de son neveu et murmure : « Calme-toi, mon ami. »

Entre-temps, Marie de Méricourt est arrivée à la barrière. Elle prend soin de Louis, le calme, le rassure. Ils déjeunent ensuite avec William, Equiano et Télémaque, dans un jardin aménagé au bord du grand bâtiment circulaire où quelques tables ont été disposées. Louis et Marie, les plus jeunes des convives, paraissent les plus vieux, lui portant sur ses épaules une histoire dont il s'est soudain absenté, elle sur son visage trop vite flétri ses douleurs d'orpheline. Ils n'entendent plus les rires qui fusent chez les hommes s'apprêtant à quitter le Vieux Monde pour aller en fonder un neuf. Louis et Marie se laissent cependant bercer par cette ambiance d'orée universelle. Fatigués, ils voient couler les heures dans ce jardin perdu au milieu des ultimes préparatifs d'une escadre de neuf cents hommes. Tous s'activent, sonnent le branle-bas… Sauf Louis et Marie qui, protégés dans leur essaim de verdure, ne font que se regarder tendrement, se tenir la main, et constater sur le visage de l'une, sur les épaules de l'autre, combien fut épuisant le tumulte révolutionnaire. Bientôt, à la barrière de la Villette, sur un matelas posé par terre dans un coin de l'immense réfectoire, ils dorment, heureux, la nuit entière dans les bras l'un de l'autre. Loin de tout.

Du moins cette pause hors de la Révolution aura-t-elle sauvé leur tête. Dans la journée, puis dans la nuit, enfin au matin, la Convention s'est retournée contre Robespierre, décrété d'arrestation avec ses partisans après de longs débats contradictoires. À midi, le 9 thermidor, Tallien a interrompu Saint-Just, qui parlait à la tribune, menaçant et glacial : « Qui ne pleurerait pas sur la patrie comme tu sais le faire ! Hier, un membre du Comité nous menaçait, aujourd'hui un autre... Que le rideau soit déchiré ! » C'est le signal de l'émeute et du grand retournement. Billaud-Varenne, Collot d'Herbois, Vadier, Fréron, Barère ont été convaincus par les meneurs du Marais, ceux qui avaient peur et ont fait naître d'elle l'énergie de leur révolte, les Tallien, Barras, Fouché, Cambon, Bourdon, Charlier... Ils prônent une pause dans la Révolution, la Convention ne veut plus d'effroi : elle vote l'arrestation et la mise à mort de celui qu'elle nomme « le tyran », en oubliant qu'elle s'est longtemps jointe à lui pour faire régner la Terreur, et qu'il a réorganisé la République, l'a sauvée sans doute.

Robespierre, maître de la machine, se retrouve soudain impuissant à la mouvoir, pour une raison simple : il en a cassé les rouages. Il a su jouer avec ceux-ci pendant dix mois, tirant habilement parti des uns contre les autres, puis il les a brisés pour défendre sa République et sa vertu, envoyant Danton à la mort, précipitant la Méricourt vers la guillotine. Et désormais, il se retrouve seul, abandonné même par Villemort, qui a déserté ce combat vain et morbide. Le faubourg Saint-Antoine, les Cordeliers, si leurs meneurs n'avaient pas été détruits, n'auraient sans doute pas gardé, en cette journée puis en cette nuit où tout est encore possible, où la Révolution tangue d'un côté et de l'autre, la neutralité funeste qui livre à la mort Robespierre et les siens, impuissants, Couthon, Lebas, Saint-Just, Prieur, son jeune frère Augustin. Vingt et un suppliciés montent à la guillotine le 10 thermidor ; soixante-dix têtes tombent le lendemain ; douze le troisième jour.

Très loin de là, une frégate fend les vagues de l'océan dans des gerbes d'écume. Sur le pont de *L'Île-sous-le-vent*, navire armé de quarante canons pouvant mener trois cents hommes au combat, William de Villemort, le demi-masque noir serti de diamants sur le visage, se tient aux côtés d'Equiano, de Télémaque, du général Magnificat et du chevalier de Saint-George, près de la proue du navire. Ils partent pour Saint-Domingue, dressés droit face au vent, attachés à un rêve commun, fonder la République noire.

X

Tombés des ailes du temps

Le duc Henry de Villemort s'est réfugié dans son château du Parisis. Il a survécu aux procès révolutionnaires, qui ne sont pas allés assez vite pour le rattraper. Le tribunal de Fouquier-Tinville s'est arrêté juste à temps, le couteau retenu par thermidor. Quand les prisons sont ouvertes, le 18, le patriarche se lève, quitte lentement sa cellule et entraîne ses femmes, les goules, qui le suivent en un funèbre cortège passant la Seine au milieu des joies des libérations. Le grand concours de peuple fait à cette procession sombre une haie d'applaudissements de la plus étrange nature.

Au château, les femmes se sont regroupées dans la grande salle des gardes, comme un vol de corbeaux qui aurait trouvé son arbre. La nuit, elles vaquent par paires ou par trios, errant dans les salles, les couloirs, le jardin, le parc, la forêt, à la recherche de petits corps morts qu'elles ont de plus en plus de mal à dénicher. Henry de Villemort ne quitte plus sa chambre, où il a fait installer deux fétiches morbides, qui lui tiennent compagnie pour l'éternité à laquelle il est condamné. Dernière lueur de vie d'un visage décharné, l'œil de l'agonisant perpétuel contemple le corps embaumé de sa fille Eugénie, sublime de pâleur conservée, et le pauvre corps sans tête de la reine, pour lui à jamais lié à celui de son épouse massacrée.

Alphonse de Martainville est le seul qui triomphe après thermidor. Le Chevalier du poignard a mis son indéniable talent de plume au service des thermidoriens. L'éclat de rire du moment, c'est lui, davantage sarcasme qu'ironie, creusant les métaphores à l'excès, agitant les spectres sanglants de la Terreur ; du bel esprit au vitriol. Tallien, Fréron, Barras, les nouveaux puissants, restés républicains, regardent avec mépris le royaliste des temps passés, mais ils ont su utiliser le rédacteur des *Actes des apôtres* : ils lui ont donné un journal où il peut déverser habilement son fiel pernicieux, *Le Journal des rieurs*. Il se surnomme lui-même le « Démocrite français ». Antijacobin, ricaneur et persifleur, maître du ridicule, il fait ses rimes acerbes des travers de la Convention, où, à ses yeux, continuent de siéger bien trop de vrais révolutionnaires. Il les dénonce, veut faire fermer leurs clubs, les ridiculise et « sonne le tocsin contre la faction infâme ». Les thermidoriens profitent de cette campagne pour demander une nouvelle purgation : éliminer les amis de Robespierre qui se sont retournés contre lui au dernier moment, échappant ainsi aux exécutions.

Martainville hurle par la plume : *Les Jacobins hors la loi*, premier libelle ; *Donnez-nous leurs têtes ou prenez les nôtres*, deuxième charge ; *Nous mourons de faim. Le peuple est las. Il faut que ça finisse*, texte de style faubourien où il surjoue l'identification au peuple souffrant pour exiger la punition des « grands coupables ». L'habileté suprême de Martainville consiste à rehausser la sombre peinture des travers jacobins par la couleur changeante des éclats de rire. Il fait feu de tout bois selon l'adage qu'il se donne, placé en exergue de son journal : « Rire de tout est ma folie. »

Le journaliste forge sa réputation la plus fameuse en inventant une série violente, précipitant au supplice, au suicide, à la déportation ou à l'exil, et qui a pour nom amusant et grivois *La Queue de Robespierre*. Il y dénonce les « continuateurs du tyran », visant plus particulièrement Collot d'Herbois, Billaud-Varenne, Barère. Le succès du libelle est immédiat, il enflamme l'opinion comme une traînée de poudre, engendrant chez Martainville une éruption de suites, telle une épidémie de vérole : *Défends ta queue*, *Rendez-moi ma queue*, *La Grande Queue*, *Coupez-moi la queue*, *Les Anneaux de la queue*, *Renvoyez-moi ma queue*, *La Tête à la queue*, *Les Parties honteuses de Robespierre dévoilées*, *Réponse à la queue de Robespierre*, *La Grande Queue de Barère*, *La Queue traînante des Jacobins*...

Martainville, avec sa trogne et son physique d'immense bossu, qui fréquente alors le tout-Paris de thermidor, grassement rétribué, paradant aux bals et aux théâtres, où il obtient également de bons succès, ne connaît qu'un échec : il lui est impossible de retrouver son ancien ami de collège, devenu son obsessionnel ennemi, Louis Villemort, comme s'il s'était soudain, le 9 thermidor au matin, volatilisé par miracle. Le pamphlétaire s'est essayé à l'enquête, se rapprochant de Fouché et de sa police ; il a lancé un titre, dans son style caractéristique, *Mais où est donc sa queue ?*, dans lequel il promet une forte récompense pour qui livrera Villemort. Rien n'y fait.

En août 1797, plus de trois années après son départ de France, William de Villemort revient de Saint-Domingue. La République noire n'est pas encore fondée. Après les victoires rapides et réconfortantes face aux Anglais et aux colons, François-Dominique Toussaint Louverture a créé son propre régime, dont il est à la fois le lieutenant général, le gouverneur, le proconsul et le roi. Étrange alchimie où l'émancipateur des esclaves règne sur une cour qui imite l'étiquette versaillaise, où le militaire fin stratège et meneur d'hommes reste sous la coupe de nobles planteurs avec lesquels il a passé alliance, tandis qu'il en laisse massacrer d'autres. Un nègre blanc, un roi républicain, on ne sait plus. Louverture, jaloux de son pouvoir, finit par renvoyer vers la métropole les représentants de la République. Villemort, récupéré sur une petite île du Sud où il ne faisait de mal à personne, est inclus contre son gré dans la fournée.

Il s'était détourné des affaires publiques quand le général Magnificat a été fusillé au fort Charles Sec, en juillet 1795, avec une partie de sa garde rapprochée, drame ourdi lors d'un complot jamais élucidé, mais dont il soupçonne fort Toussaint Louverture d'avoir tiré les fils. Quelques jours plus tard, ce dernier est nommé général de brigade par décret de la Convention, grade auquel postulait également Magnificat, et les survivants de la Légion franche des hommes de couleur, environ cinq cents, sont incorporés sans ménagement dans son armée, sous le commandement des généraux mulâtres Rigaud et Villatte. Les intérêts privés et les rivalités militaires semblent avoir eu raison du rêve de République noire. Le chevalier de Saint-George retourne quant à lui en métropole, préférant commander un régiment de cavalerie cantonné dans le nord de la France.

William de Villemort invente donc, pour lui-même et quelques amis, Blancs et Noirs confondus, dont Equiano et Télémaque, une petite utopie, un marronnage d'un nouveau genre, une barrière de la Villette exotique, à échelle réduite et de nature sauvage. Dans l'île Cayémite, au sud du pays, juste au nord de Petit-Trou, il fonde cette république sobre et égalitaire, vivant en autarcie, ce qui le sèvre définitivement de son accoutumance au sang. Les préceptes principaux en sont simples, établis sur le bon gouvernement des corps : tous travaillent aux champs, tous mangent la même chose, tous se contentent de peu et tous sont égaux. William contrôle strictement son alimentation, expérience de santé fondée sur la tempérance et la continence, qu'il considère comme les deux gardiennes de sa survie. On peut résumer la philosophie de Villemort en une dizaine de propositions : se nourrir de ce qu'on peut digérer ; s'habituer à ce que l'appétit ne soit jamais entièrement rassasié ; se lever de table alors qu'on pourrait encore boire et manger ; s'abstenir de ce qu'on digère mal ; s'abstenir de grosses fatigues ; ne point se priver de soleil ; user modérément des plaisirs amoureux ; s'observer et consigner quotidiennement ses notes sur sa santé. De plus, William insiste sur quelques délices sensibles engendrés par la sobriété : mieux sentir son corps, mieux ressentir sa faim en la maîtrisant, et associer une série de plaisirs (le chant, la marche, le soleil, la conversation, la sieste) aux rituels des repas et des après-repas... Modestement, à l'échelle d'un individu, cette pédagogie de la santé personnelle se double d'une révolution dans la vision du monde : la sobriété s'érige en nouvelle religion.

Parvenu à Paris, solitaire, William de Villemort fuit la société politique. Mais il cherche à retrouver Louis et Marie, dont personne n'a de nouvelles depuis trois ans. Il se souvient parfaitement, comme si c'était hier, de l'ultime regard qu'il leur a adressé, alors qu'ils dormaient, allongés sur un matelas, comme sur un radeau jeté dans la grande rotonde vide de la barrière de la Villette. C'est donc là qu'il se rend pour remonter cette piste. Il apprend, par un vieux mulâtre resté sur place, qui s'occupe des jardins et garde l'écluse du bassin de la Villette, que Sophie Lepeletier a fait récupérer le couple le 10 thermidor dans l'après-midi, au moment même où Robespierre et ses amis montaient à l'échafaud.

Dans un opuscule, Martainville a surnommé Sophie Lepeletier « Notre-Dame de thermidor ». L'ancienne amie de Marie de Méricourt incarne la frénésie de jouir d'une époque. Entourée de sa ribambelle de Merveilleuses, Thérésa Cabarrus, Joséphine de Beauharnais, Fortunée Hamelin, Juliette Récamier, Mme Raguet, Sophie règne sur une capitale allègre qui semble saisie d'une vibrante envie de danse et de fêtes nocturnes. Durant le Directoire, maîtresse en titre de Paul Barras, le principal des Directeurs, elle rayonne, comme si elle commandait aux six cent quatre-vingt-quatre bals que compte alors Paris. Rarement aura-t-on mêlé, avec une telle gourmandise, politique et frivolité, noctambulisme et tourbillon de la vie. Paris danse pour oublier. Tout un peuple se rue au bal et s'enivre de bruit ou de lumière. On va au Tivoli, au Ranelagh, à la Grande Chaumière, au parc Monceau, au jardin Biron, à l'hôtel Marbeuf, au Colisée de la plaine des Sablons, aux jardins Beaujon ou au Delta. Cette bacchanale épidermique dédommage de la compression politique que Paris a subie, et fait oublier le spectacle de la guillotine.

Ce soir-là, il n'est pas très difficile pour William de Villemort de trouver Sophie Lepeletier. Elle se rend, comme toutes et tous, au bal de l'hôtel Thellusson, rue de Provence, l'un de ceux qui font la réputation du Directoire, un « bal à la Victime » où l'on honore les décapités d'un coup de crayon sur la gorge, d'un ruban serré sur la glotte, d'un pas de deux inextricablement morbide et joyeux. William de Villemort, qui n'est guère fêtard, a choisi la sobriété d'un habit noir surmonté d'un sombre chapeau claque et attend dans un coin de la salle de bal. Elle arrive, au milieu d'amis descendus d'une voiture, habillée, ou plutôt déshabillée à la grecque, dans une robe taille haute « à la Flore », recouverte d'une légère tunique bleu clair « à la Cérès ». La gaze en est si légère, si diaphane, qu'on nomme sa matière cotonneuse de l'« air tissu ». Chaussée de cothurnes attachés au-dessus de la cheville par des rubans entrecroisés garnis de perles, elle a orné ses orteils de bagues, et porte des cercles d'or plus haut sur les chevilles. Elle arbore un chapeau immense, qu'elle ôte bientôt pour laisser voir ses cheveux courts et frisés, à la manière d'un buste romain.

Désormais, Sophie danse. C'est un quadrille classique, mais elle reproduit régulièrement, lorsqu'elle se retrouve devant un cavalier, le salut des victimes de la guillotine, inclinant brusquement la tête droit devant elle. William ne sait pas danser, surtout cette danse-là. Il attend toujours, observant les noctambules.

Au cœur de la nuit, assise fatiguée sur un fauteuil curule, Sophie se retrouve seule. William s'approche aussitôt et lui glisse à l'oreille : « J'aimerais des nouvelles de Marie et Louis... » Elle se tourne vers lui, le regarde étonnée, effrayée. « Qui êtes-vous ? » Déclinant son identité, il se rapproche, tout près, exerçant une pression inquiétante. « Venez... » Elle l'entraîne vers les jardins. Alors, assise sur un banc, sans oser presque le regarder, parce qu'elle a peur, peut-être honte, elle lui raconte tout, très vite, d'un souffle. Que Marie et Louis, après avoir longtemps dormi dans la vaste rotonde de la barrière de la Villette, sont à leur réveil accompagnés en catimini, puis cachés dans une chambre discrète, au fond de l'hôtel du 194, rue Saint-Honoré, à deux pas du Palais-Royal. Chez Barras l'amant de Sophie, qui a obtenu cette folie de lui car il est très épris. Louis Villemort chez un thermidorien ! Dans la gueule du loup... C'est là, parfois, qu'on est le plus au calme, comme dans l'œil d'un cyclone.

Ils sont restés six mois, jusqu'en pluviôse de l'an III. Barras n'a pas voulu les voir mais n'a jamais parlé. Sophie leur apportait de quoi manger, s'habiller, se laver. Parfois, ils faisaient de courtes promenades, masqués de chapeaux et de voilettes, au Palais-Royal, passant près de la chambre du passage des Deux Pavillons, qui leur était interdite, mais continuait de les faire rêver.

« Où sont-ils désormais ? » demande William, pressant. La cache de l'hôtel de Saint-Honoré devenait trop dangereuse, notamment à cause des réceptions données par Barras, qui s'imposait comme l'un des principaux députés de la Convention thermidorienne. « Ils sont partis par une nuit froide », continue Sophie. « Mais où ? » insiste William. Silence. « Au château des Villemort... » avoue la jeune femme, comme s'il s'agissait d'un tombeau.

Comment n'y avait-il pas pensé ! Louis est à son tour revenu au nid vampirique familial après lui avoir résisté tant que l'action révolutionnaire le portait et l'en éloignait.

Le lendemain, William se rend au château familial, qu'il atteint à la tombée du jour par la rude montée, semée de rochers, de la route de Paris. Le ciel estival est serein et la nuit s'annonce calme sur le Parisis. Il attend l'obscurité complète pour retourner sur les lieux de son enfance. Ce qui était autrefois une allée se trouve encombré désormais de buissons et d'herbes folles. Les rayons de la lune tombent à pic sur les tourelles du manoir, dont ils argentent les sommets. Le bruissement de feuilles agitées par le vent doux de la nuit trouble le silence, de même que quelques aboiements partant des villages voisins et le cri d'un hibou posté sur l'un des angles de la tourelle de l'est. William pousse les grilles pesantes, qui s'ouvrent et se referment à grand bruit sur leurs gonds rouillés, après avoir retiré leurs énormes verrous. Le château est en partie dans l'obscurité mais William peut en distinguer les parties complètement ruinées, ou celles partiellement en ruines, à la suite des émeutes de l'été 1789, il y a huit années, et dont les conséquences ne furent jamais vraiment réparées. Massives, les deux tourelles à demi détruites, dont les pointes semblent défier les lois de l'équilibre, forment des bastions couverts de lierre. Des pierres manquent à la façade, par endroits défoncée, à d'autres trouée, affaiblie sur l'aile ouest de murs obliques prêts à tomber. La porte centrale reste entrouverte, sans doute en l'honneur d'apparitions surnaturelles.

Tout cela pourrait glacer les sangs, pénétrer quiconque d'une lugubre horreur, mais William de Villemort demeure d'un calme absolu, comme si le temps s'étirait infiniment dans les dilatations d'un présent serein. Cette sensation contredit pourtant son impatience réelle, palpable, à dissiper les mystères entourant la disparition de Louis et Marie.

Il évolue ainsi dans l'extrême lenteur d'un temps qui égrène ses secondes en les retenant jusqu'à l'ultime limite, tout en sentant battre son cœur et monter ses émotions de la manière la plus vive. Il se détermine à faire d'abord le tour du château.

Le bâtiment est devenu presque inhabitable, et a été un temps inhabité ; le gardien qui le surveillait de 1792 à 1794 a été tellement effrayé qu'un matin on l'a trouvé mort de peur dans son lit.

Tandis que William traverse les ronces et les broussailles en s'aidant d'un bon bâton, un cri retentit, qui manque de le faire chuter tout en lui faisant lever les yeux. Il aperçoit sur la corniche d'une large fenêtre, qu'il reconnaît pour être celle de la chambre d'Henry de Villemort, la plus retirée à l'est de la façade, une très faible lueur, surmontée du visage du patriarche, masque pâle qui hurle à la mort. La fenêtre n'est pas fort élevée et William peut suivre, derrière le vieillard, le ballet des loupiotes qui, partant de là, passent les unes après les autres d'ouverture en ouverture, de pièce en pièce, chacune attachée à une femme vampire qui se déplace dans la nuit. Ces figures portant flammèche en main, marchant lentement le long des appartements, s'éloignent par degrés et s'évanouissent dans le noir. Parvenus sur le perron, les spectres femmes sortent avec leur lampe ; les robes sombres se confondent avec l'obscurité, si bien qu'elles donnent l'impression de visages filant les uns après les autres dans le jardin puis dans les bois, s'approchant des arbres en silence, comme si ces corps volaient plutôt qu'ils ne marchaient. Serrant son poignard, descendant l'escalier extérieur qui mène à la tour de l'est, traversant un nouveau buisson de ronces, William laisse s'éparpiller ces apparitions fantomatiques pour continuer son exploration.

Il reconnaît à quelques longueurs, derrière les écuries détruites par l'incendie de 1789, l'entrée de ce que l'on appelle la caverne du sel, une excavation dans la roche, où étaient autrefois conservés dans la fraîcheur, l'été, salés et protégés, les aliments les plus sensibles aux dégradations causées par la chaleur ou le temps. Là aussi, l'homme voit vibrer une faible lueur. Intrigué, il s'approche.

Quand il atteint l'ouverture principale de la grotte, il aperçoit, plus au fond, une femme qui se déplace, une lumière à la main droite, la tête couverte d'un long voile blanc, le vêtement parsemé de taches de sang. Il la suit. Elle s'enfonce dans la caverne, éclairant au passage d'anciens sacs de sel, des amas de poutres ou de pierres et, un peu plus loin, un amoncellement de petits cadavres d'animaux, fouines, rats, pigeons, renards, lièvres, perdreaux, tous mêlés dans la mort. La femme s'arrête, prend l'un de ces corps, puis poursuit son chemin. Au fond de l'obscurité, la lueur tremblante éclaire maintenant un homme, qui dort allongé sur une paillasse entourée d'un chaos qui le protège, fait d'imbrications de poutres, de branches, de feuilles, de paille, de linges, de peaux d'animaux, comme un nid à taille humaine.

William se cache derrière un monticule de terre. Retrouvant peu à peu le rythme normal de sa respiration, il regarde la scène, distante de quelques pas seulement. La femme s'est dénudée, silhouette squelettique, puis allongée près de l'homme, après avoir déposé à sa portée un lièvre écorché. Elle glisse le long du corps inanimé. Sa figure blanche est longue, son air hagard, ses joues et ses lèvres décolorées et les deux orbites de ses yeux creux. L'homme demeure sur son lit, inanimé comme une statue. Les mains glacées s'approchent du corps immobile, les doigts écartent les pauvres vêtements ; de ses lèvres plus glacées encore, elle baise la peau, si mince et fragile qu'elle semble de parchemin. Ces corps sont-ils jeunes ou vieux, on ne saurait le dire. Une chevelure rousse se libère sur les épaules de la femme, tombant jusqu'à ses seins fripés dont les mamelons pendent rouge sang. Elle renverse la tête en arrière et s'allonge, couleur de craie, sur le corps nu, lui-même blanc comme un linge. Elle se redresse, parcourt la peau avec sa langue, s'attardant sur les cuisses et l'aine, puis s'installe doucement ventre contre ventre, poitrine sur poitrine. Une ondulation lente, puis rageuse, s'empare peu à peu du corps de l'homme, qui gémit de plaisir. En le sentant bouger sous elle, la femme s'anime, accompagne les ondulations, s'y love, ses bras enlacent, serrent, ses mains caressent, empoignent, frappent, ses jambes se tendent puis se replient. Elle plonge soudain son visage vers le sien, son corps se soulevant comme un arc de cercle, et glisse sa langue noire dans la bouche de l'homme qui, posant les mains sur ses fesses, les écarte et pénètre d'un doigt le con puis le cul, successivement, de la créature, qui gémit à son tour. Le rythme de l'accouplement, par la bouche au-dessus, par le doigt glissé dans les intimités en dessous, se fait de plus en plus vif. L'agilité mise dans les langues et dans le doigt conduit aux cris mêlés de la jouissance. Alors, tendrement, tandis que les corps se rétractent, la femme plante ses dents dans le cou offert de l'homme et aspire. Il murmure : « Tant qu'une goutte de sang restera dans mes veines, ton cœur, ton âme, tout ton être est à moi. »

Revenu à lui-même, le visage de Louis n'a pas changé, beau et jeune, resplendissant. Mais il porte le corps d'un vieillard, retrouvant sa seule vigueur dans l'étreinte et la saignée de Marie. Il est redevenu l'enfant de deux jumeaux incestueux, de deux monstres physiologiques, sanguinaires et dégénérés, Isabeau et Enguerrand de Villemort, procréés eux-mêmes par le grand vampire au début du XVIIIe siècle. Marie, quant à elle, a vieilli irrémédiablement, son visage porte la marque de ses angoisses et de ses meurtrissures, son corps s'est comme rétracté, ayant acquis une chose bien cruelle pour une femme, et pour elle en particulier, si belle et sensuelle : la laideur. Seule lui reste une magnifique chevelure rousse. Elle boit le sang de son amant tandis qu'elle le nourrit de cadavres d'animaux apportés par les goules sur ordre de leur maître.

Le fil de la Révolution a épuisé Louis. L'époque a marché sur les ailes du temps, emportant le jeune homme, lui faisant sauter la fracture béante d'un monde à l'autre ; mais il en est tombé, chutant des ailes tel un pantin pathétique, et ne subsiste plus qu'un esprit défait dans un corps cassé. Parvenu au plus haut de son désir de révolution, il n'y a trouvé, comme au sommet des grandes montagnes parfois, qu'une extrême aridité, un désert où la vie cesse. Il leur reste l'amour, la dernière chose à partager, l'ultime trésor. Il est effrayant mais pur. Comme le corps de Marie, que Louis ne veut pas détruire, petit à petit, par sa morsure mortelle ; il la protège de cet affront toutes les nuits, il la prémunit de lui-même. Quand William, fasciné, sort de sa torpeur et va partir, quitter sa cache, Louis, qui dort aux côtés de sa maîtresse, le visage enfoui dans sa chevelure rousse, se réveille soudain et se redresse, l'œil inquiet. Il porte sur le visage une muselière de cuir.

Épilogue

Poursuivi continuellement par cette vision, William de Villemort, à son retour, s'installe dans l'ancienne chambre de son neveu, passage des Deux Pavillons, et tombe dans une noire mélancolie. Plusieurs mois s'écoulent avant qu'il soit en état de sortir de son lit ; et lorsqu'il peut enfin se placer sur un canapé, il se trouve tellement faible et amaigri qu'il lui est impossible de traverser la chambre si quelqu'un ne le soutient pas. Les regards de ceux qui passent le servir annoncent assez clairement combien ils conservent peu d'espoir en sa guérison. La profonde tristesse dans laquelle il est plongé fait même croire à son médecin, le bon docteur Cabanis, qu'il est hypocondriaque.

Ne connaissant aucun remède à son malheur, il en garde soigneusement le secret. Jusqu'au jour où, dans un tiroir de la commode, il trouve le billet de Newport, envoyé à Louis près de vingt ans auparavant, déjà, celui qu'il avait adressé en arrivant en Amérique, daté du 5 juillet 1780. Il relit ces mots, les siens, que Louis avait gardés contre son cœur jusqu'en prairial de l'an II, « les espérances des défenseurs de la liberté », « les acclamations des patriotes », et reprend espoir.

Il se lève, s'habille, prend son chapeau et, dans le souvenir de Louis Villemort qui s'assoit à l'Assemblée tandis que le roi, interloqué, demeure debout et interdit, sort, traverse le Palais-Royal, et marche dans la ville.

Quelques mois plus tard, William de Villemort fonde, dans une vallée perdue des Alpes, la Société fraternelle des Égaux, communauté utopique en tout point semblable à une Révolution en petit, qui respecte rigoureusement la Déclaration des droits de l'homme de l'an II. Equiano et Télémaque le rejoignent bientôt, ainsi qu'une centaine d'hommes et de femmes, de toutes couleurs et de toutes conditions, venus d'Europe, d'Amérique et des Caraïbes. L'expérience a été profitable.

Pour finir ce roman, j'ai bénéficié d'un séjour d'écriture à l'Institut Erich Maria Remarque de New York University, en décembre 2016-janvier 2017.

DU MÊME AUTEUR

La Caricature révolutionnaire, *Presses du CNRS, 1988.*

Andrei Tarkovski, *Cahiers du cinéma, 1989.*

Les Cahiers du cinéma. Histoire d'une revue, *Éditions de l'Étoile, vol. 1 :* À l'assaut du cinéma, *1991 ; vol. 2 :* Cinéma, tours détours, *1991.*

Le Corps de l'histoire. Métaphores et politique (1770-1800), *Calmann-Lévy, 1993.*

François Truffaut, *Gallimard, 1996 (avec Serge Toubiana).*

Le Retour du cinéma, *Hachette, 1996 (avec Thierry Jousse).*

Conversations avec Manoel de Oliveira, *Cahiers du cinéma, 1996.*

Avignon, le royaume du théâtre, *Gallimard (coll. « Découvertes »), 1996.*

La Gloire et l'Effroi. Sept morts sous la Terreur, *Grasset, 1997.*

Histoire culturelle de la France, *vol. 3* : Lumières et liberté, *Seuil, 1998.*

La Nouvelle Vague, portrait d'une jeunesse, *Flammarion, 1998.*

Les Éclats du rire. La culture des rieurs au XVIIIe siècle, *Calmann-Lévy, 2000.*

La Cérémonie du pouvoir. Les duels politiques de la Révolution à nos jours, *Grasset, 2002.*

La Cinéphilie. Invention d'un regard, histoire d'une culture, 1944-1968, *Fayard, 2003.*

Tim Burton, *Cahiers du cinéma, 2005.*

L'Ange exterminateur. Conversations avec Jean-Claude Brisseau, *Grasset, 2006.*

Histoire du Festival d'Avignon, *Gallimard, 2007 (avec Emmanuelle Loyer).*

Crises dans la culture française. Archéologie des politiques culturelles et anatomie d'un échec, *Bayard, 2008.*

Cinéma et histoire, *Cahiers du cinéma, 2008.*

Feu sur le quartier général. Le cinéma traversé : textes, entretiens, polémiques, *Cahiers du cinéma, 2008.*

L'Histoire-caméra, *Gallimard, 2008.*

Godard. Biographie, *Grasset, 2010.*

L'Odéon, un théâtre dans l'histoire, *Gallimard, 2010.*

Dictionnaire de la pensée du cinéma, *PUF, 2012 (avec Philippe Chevallier, coll. « Quadrige »).*

Paris vu par Hollywood, *Flammarion/Skira, 2012.*

Objectif cinéma, *Gallimard, 2013 (avec Pierre Guislain).*

Éric Rohmer, *Stock, 2014 (avec Noël Herpe).*

La Traversée des Alpes. Essai d'histoire marchée, *Gallimard, 2014.*

Histoires d'amitiés, *Payot/Rivages, 2014.*

En d'atroces souffrances. Une histoire de la douleur, *Alma éditions, 2015.*

Une histoire de la marche, *Perrin, 2016.*

Esprit d'Automne. Histoire du Festival d'Automne à Paris, *Gallimard, 2016.*

Les Godillots. Manifeste pour une histoire marchée, *Anamosa, 2017.*

Cet ouvrage a été composé
par Nord Compo à Villeneuve-d'Ascq (Nord)
et achevé d'imprimer en France
par CPI Bussière
à Saint-Amand-Montrond (Cher)
pour le compte des Éditions Stock
21, rue du Montparnasse, 75006 Paris
en mai 2017

Imprimé en France

Dépôt légal : août 2017
N° d'édition : 01 – N° d'impression : 2030019
53-51-2227/2